Yangi G'oyalar Manzili

Ortiqova Iqboloy

Olimboyeva Nilufar

Rozzoqov Shoxrux

© Ortiqova Iqboloy
Yangi G'oyalar Manzili
By: Ortiqova Iqboloy
Edition: February '2025
Publisher:
Taemeer Publications LLC (Michigan, USA / Hyderabad, India)

ISBN 978-93-6908-785-3

© **Ortiqova Iqboloy**

Book	:	Yangi G'oyalar Manzili
Author	:	Ortiqova Iqboloy Olimboyeva Nilufar Rozzoqov Shoxrux
Publisher	:	Taemeer Publications
Year	:	'2025
Pages	:	82
Title Design	:	*Taemeer Web Design*

To'g'ridan to'g'ri metodi

Sinf: 7-sinf

Mavzu: Geografiya fani haqida tushuncha

1. Mavzu rejasi va maqsadi tushuntiriladi.

2. O'quvchilarga mavzu bo'yicha ma'lumotlar beriladi.

3. Mavzuni mustahkamlash qismida bu metoddan foydalanilsa yuqori natijaga erishish mumkin.

Metoddan foydalanish:

Siz o'quvchilarga mavzuni to'g'ridan to'g'ri tushuntirmaysiz. Darsga yangicha uslubda yondashishni o'rganamiz. Siz o'quvchilarga geografiya fani haqida xar hil geografik tushunchalar haqida gapirmaysiz. Buning o'rniga siz o'quvchilarga tushunchalarni o'zlari aniqlashiga yordam berasiz. Bu metodni dars jarayonida qo'llashdan oldin, o'quvchilarni guruhlarga bo'lib olamiz va qog'ozlarni uchburchak shakilda qirqib olamiz.

1. Sinfdagi o'quvchilarni 4-5 guruhlarga bo'lib olamiz.

2. Tayyorlangan uchburchaklarning hamma tomoniga geografik atamalar yoziladi. Javoblari esa boshqa uchburchak tomonlariga yoziladi. Tayyorlangan uchburchaklardan har bir jamoalar piramida yasashadi.

Masalan: Bir uchburchak tomonida geografik tushuncha ikkinchi tomonida javobi yoziladi. Bu shartni bajarish uchun 10 daqiqa vaqt belgilang va belgilangan vaqt tugagach piramida to'g'ri terilganini tekshirib chiqing.

Afzalliklari: Bu metod yordamida o'quvchilar yangi mavzuni tezda o'zlashtirib olishadi, va darsga bo'lgan qiziqishi ortadi va fikrlashi kengayib va qoniqarli bonus sifatida siz o'quvchilaringiz asta-sekin o'zlari uchun geografiya fanini tushunishiga guvoh bo'lasiz. Bu jarayon o'quvchilar uchun juda qiziqarli bo'ladi.

Qiyinchiliklari: Bu metodni tezda tushunib bajarishda o'quvchilar muammoga duch kelishi mumkin.

Qiyin va oson metodi

Sinf: 7-sinf

Mavzu: Geografik kashfiyotlar va hozirgi zamon geografiyasi.

1. Mavzu rejasi va maqsadi tushuntiriladi.

2. O'quvchilarga mavzu bo'yicha ma'lumotlar beriladi.

3. Mavzuni mustahkamlash qismida, bu metoddan foydalanilsa yuqori natijaga erishish mumkin.

Bu metoddan foydalanish:

Bu metoddan foydalanishda guruh bo'lib juftlikda yoki sinf doirasida ishlash mumkin. Mavzudagi murakkab va qiyin bo'lgan atama va tushunchalarni "qiyin" deb yozilgan qutichaga, oson bo'lgan ma'lumot, atama va tushunchalarni "oson" deb yozilgan qutichalarga solinglar deb o'quvchilarga aytiladi.

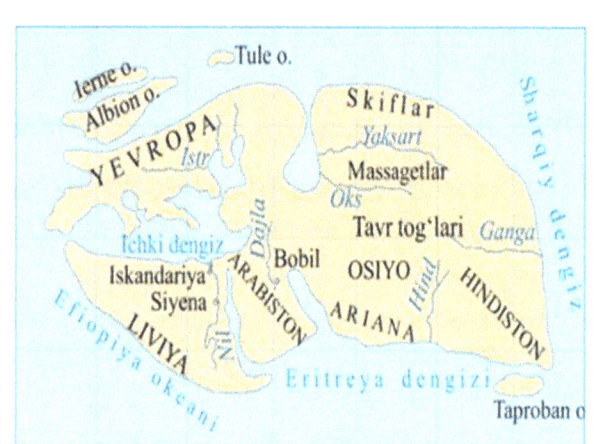

4. O'quvchilar mavzu doirasida qiyin va oson atamalarni yozishi uchun kamida 5-minutdan 7-minutgacha vaqt beriladi. O'qituvchi yoki har bir guruhdan o'quvchi oldin oson atama va tushunchalarni aytib o'tadi, keyin qiyin tushunchalarni o'quvchilar bilan tahlil qilinadi. Hech kim bilmasa, o'qituvchi tomonidan yana bir marta tushuntiriladi.

Masalan: bu metodni bugungi mavzudagi olimlar xaritasini o'rganishda ham foydalanilsa, geografik joy nomlarini yod olishda yuqori natija beradi.

Oson xaritalar: miloddan avvalgi III- asrda Eratosfen tuzgan dunyo xaritasi , Muhammad Xorazmiyning "O'rta Osiyo va unga yondosh yerlar xaritasi"

Qiyin xaritalar : milodiy II- asrda Ptolemey tuzgan dunyo xaritasi, Beruniyning dunyo xaritasi. Muhammad Xorazmiy "Surat ul-Arz" — "Yerning tasviri" nomli kitob

yozgan. Abu Rayhon Beruniy Yerning o'sha vaqtdagi eng mukammal modeli — Shimoliy yarimshar globusini yasagan va asarlarida Yer sharining narigi tomonida ham quruqlik borligi haqida yozib qoldirgan

Muhammad Xorazmiy "Surat ul-Arz" — "Yerning tasviri" nomli kitob yozgan. Abu Rayhon Beruniy Yerning o'sha vaqtdagi eng mukammal modeli — Shimoliy yarimshar globusini yasagan va asarlarida Yer sharining narigi tomonida ham quruqlik borligi haqida yozib qoldirgan, dunyo xaritasini tuzgan.

Afzalliklari: Savollar ketma-ketligi to'g'ri tahlil qila olish imkoniyatini beradi. Tez va oson xaritalarni o'rganishda bu metod qo'l keladi.

Qiyinchiliklari: Bazi sinfdagi passiv o'quvchilar xaritalar bilan ishlashda qiyinchilikga duch kelishi mumkin.

"KWL" metodi

Sinf: 7-sinf

Mavzu: Geografik xaritalar

1. Mavzu rejasi va maqsadi tushuntiriladi.

2. O'quvchilarga mavzu bo'yicha ma'lumotlar beriladi.

3. Mavzuni mustahkamlash qismida bu metoddan foydalanish samarali natija beradi.

Ushbu metodni mohiyati ingilizcha

Know - bilardim

Want - bilishni hoxlayman

Learn - o'rgandim so'zlaridan olingan

Bu metoddan foydalanish:

Ushbu metodni qo'llash uchun o'quvchilarga oq list kerak bo'ladi va unga uchta ustun chizishadi. Va unga "know", "want", "learn" deb yoziladi. Mavzuni tushuntirilgandan so'ng o'quvchilar bugungi o'tilgan mavzuni shu tarzda tahlil qilishadi. Bugungi kunda o'rgangan bilimlarni tartiblab chiqadilar.

Masalan: know- globus, xarita, mobil ilovalardagi raqamli xaritalar.Want- balandliklar va chuqurliklar shkalasi, xaritalarning shartli belgilari, yozuvsiz xaritalar, umumgeografik xaritalar.

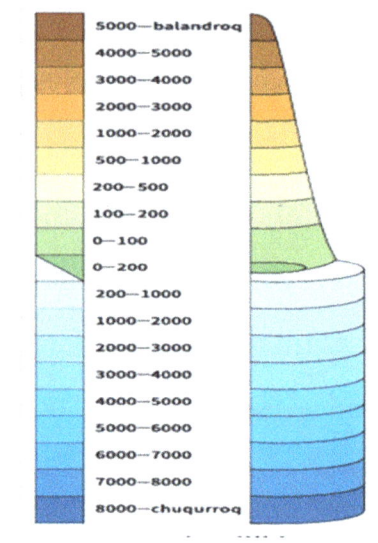

Learn- relyef xaritalari, o'simlik xaritalari, foydali qazilma xaritalari, tabiat zonalari xaritalari, raqamli xaritalar.

Mobil ilovalardagi raqamli xaritalar

Afzalliklari: Bu metod orqali o'quvchilar mavzuni tushuntirganingizdan so'ng, o'quvchilar shu tarzda tahlil qiladilar, bugungi kunda o'rgangan bilimlarni tartiblab chiqadilar.

Men bularni bilardim!

Yana nimani bilishni xoxlayman

Men nimani o'rgandim o'quvchilar shunday savollarga javob topadi.

Qiyinchiliklari: O'quvchilarga mavzuga oid turli xaritalarni o'rganish qiyinchilik tug'dirishi mumkin.

"Qorto'pi" metodi.

Sinf: 7-sinf

Mavzu: Geografik koordinatalar.

1. Mavzu rejasi va maqsadi tushuntiriladi.

2. O'quvchilarga mavzu bo'yicha ma'lumotlar beriladi

3. Mavzuni mustahkamlash qismida bu metoddan foydalanish samarali natija beradi.

Bu metoddan foydalanish:

O'quvchilarga 1 tadan oq list tarqating o'quvchilar listga 3 tadan gap yozishlari kerak, mavzu doirasida bo'lgan geografik atamalar va o'zini bitta sifatini yozishlari kerak.

Masalan: Geografik koordinata deb nimaga aytiladi?

Daraja to'ri deb nimaga aytiladi?

Menda ko'p kitoblar bor?

O'quvchilar yozgan qog'ozlaridan qorto'pi yasab bir-biriga uloqtirishadi, va hamma o'z oldiga tushgan qorto'pini olib, savollarga javob berishlar va uni kim yozganini aytishlari kerak bo'ladi.

Afzalliklari: Bu metod orqali o'quvchilar tengdoshlari va mavzuga oid bo'lgan ko'pgina faktlarni bilib olishadi. Sinfxonada do'stona hamda qiziqarli atmosfera vujudga keladi.

Qiyinchiliklari: O'quvchilarni sifatlariga qarab aniqlash qiyin bo'lishi mumkin.

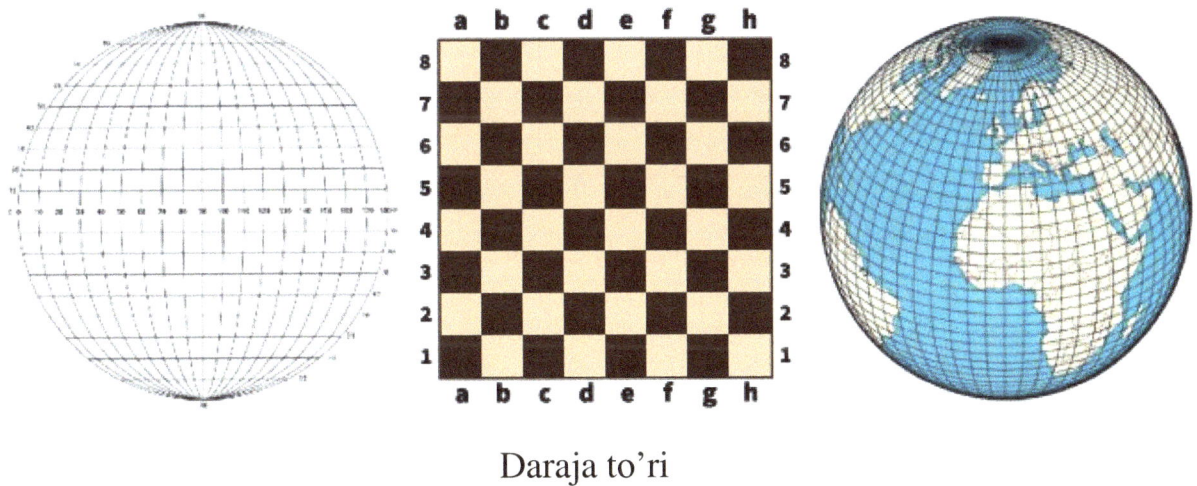

Daraja to'ri

"Imkoniyatlar qutisi" metodi.

Sinf: 7- sinf

Mavzu: Masshtab

1. Mavzu rejasi va maqsadi tushuntiriladi.

2. O'quvchilarga mavzu bo'yicha ma'lumotlar beriladi.

3. Mavzuni mustahkamlash qismida bu metoddan foydalanish samarali natija beradi.

Bu metod darsda ajoyib muhit yaratishga imkon beradi. Hayratlanarli natijaga ega bo'lasiz, har qanday sinf uchun qo'llash mumkin. Hozirgi kunda o'smir yoshdagi o'quvchilarga, rangli stikerlar va yuqori baho qo'yish bilan o'quvchilarga rag'bat berish mumkin lekin bu usul xar doim ham ish bermaydi. Bu metod orqali o'quvchilar darsda faol ishtirok etadilar.

Metoddan foydalanish.

✓ Bu metoddan foydalanish uchun chiroyli qilib yasalgan katta quti kerak bo'ladi.

✓ Quti ichini kichkina sharlar bilan to'ldiramiz.

✓ Quti ichidagi sharlarning xar biriga savollar yopishtiramiz.

Savollar quydagi tartibda bo'lishi mumkin.

1. Masshtab deb nimaga aytiladi?
2. Masshtab turlarini aytib bering?
3. Foydalanishga eng qulay masshtabni ayting?

O'quvchilar quyidagi savollarga to'g'ri javob bera olsalar ularga 1 haftalik imkoniyatlar berish kerak bo'ladi rag'bat tariqasida.

Imkoniyatlar.

Eng zo'r stul- bunda o'quvchilar 1 hafta davomida hoxlagan joyida o'tirishlari mumkin bo'ladi.

Uyga vazifadan ozod bo'lish.

5 daqiqalik qo'shimcha tanaffus.

Shokolad yoki tushlik.

Afzalliklari : O'quvchilarni darsga bo'lgan qiziqishi ortadi va xar doim o'quvchilar darsga tayyor holatda kelishadi.

Qiyinchiliklari : O'quvchilar savollarga javob bera olmasalar sinf xonasini tozalash, do'skani artish va shu kabi ishlarni 1 hafta davomida bajarishlari kerak bo'ladi.

"Kim lider" metodi.

Sinf: 7- sinf

Mavzu: Geografik qobiq

1. Mavzu rejasi va maqsadi tushuntiriladi.

2. O'quvchilarga mavzu bo'yicha ma'lumotlar beriladi.

3. Mavzuni mustahkamlash qismida bu metoddan foydalanish samarali natija beradi.

Bu metoddan foydalanish.

O'quvchilarni 4 ta guruhlarga bo'lib olamiz va xar bir guruhni nomlab olamiz.

Masalan:

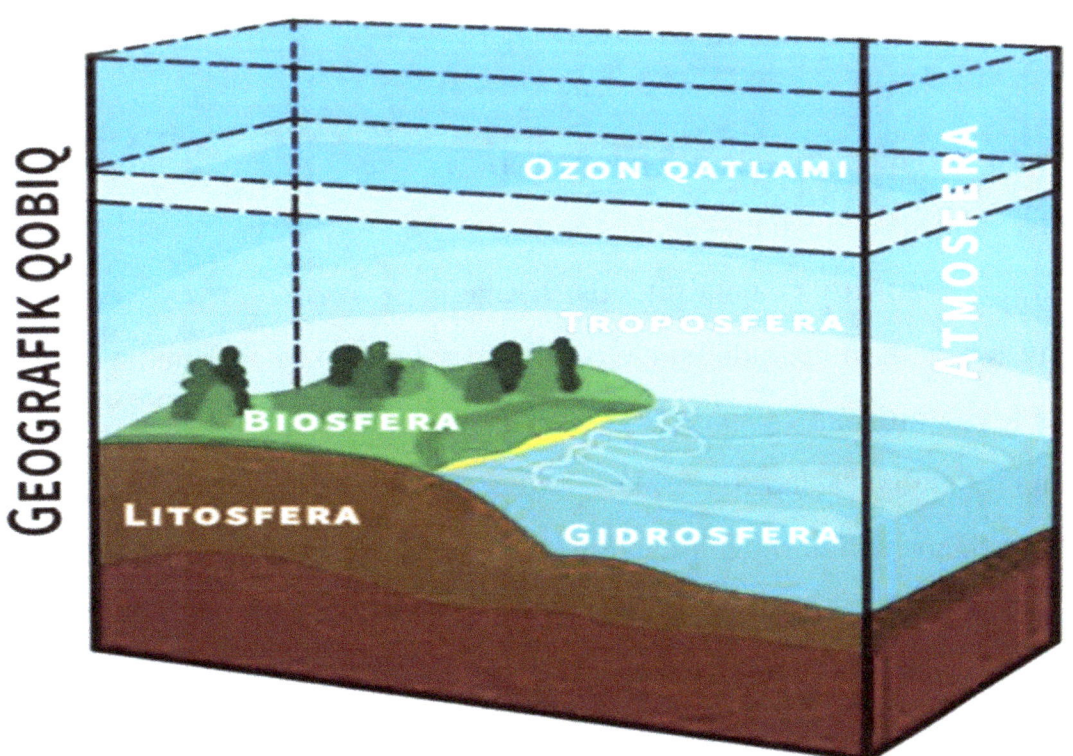

- ✓ Atmosfera
- ✓ Gidrasfera
- ✓ Litosfera

✓ Biosfera

Har bir guruh uchun o'quvchilar guruh boshi yani "lider" saylashadi. Guruh sardorlarini do'skaga chiqarib, ularga mavzuga oid qiyin va qisqaroq ma'lumotlar yozilgan qog'ozni beramiz. Guruh sardorlari berilgan ma'lumotlarni 2 daqiqa ichida yaxshilab o'qib, eslab qolib o'z guruhlariga yetkazib berishlar kerak bo'ladi. Ma'lumotlarni o'z guruhiga yetkazishi uchun, esa 5 daqiqa vaqt beriladi. 5 daqiqadan so'ng guruhlar navbatma- navbat bir-birlariga o'sha mavzu yuzasidan savol berishadi.

Savolga javobni bir guruhdan faqat 1 ta o'quvchi javob beradi. Guruh sardori savolga javobni kim berishini belgilab beradi.

Afzalliklari: Xotirani ravshanlashtiradi, ziyraklikni oshiradi va o'quvchilarni ma'suliyat hissini singdirishda ham qo'l keladi.

Qiyinchiliklari : Sinfda bilimga chanqoq o'quvchilar ko'p bo'lganligi sababli liderni aniqlashda qiyinchilik bo'lishi mumkin

"Amaliy va nazariy ishlar" metodi.

Sinf: 7-sinf

Mavzu: geografik qobiqning rivojlanish bosqichlari.

1. Mavzu rejasi va maqsadi tushuntiriladi.

2. O'quvchilarga mavzu bo'yicha ma'lumotlar beriladi.

3. Mavzuni mustahkamlash qismida bu metoddan foydalanish samarali natija beradi.

Bu metoddan foydalanish.

Sinfngiz uchun "Amaliy va nazariy ishlar" daftari tashkil qiling. Bu o'quvchilarni bajarish kerak bo'lgan vazifalari uchun vaqtni to'g'ri taqsimlashiga yordam beradi. Amaliy va nazariy ishlar quydagicha bo'lishi mumkin.

✓ 1 oy davomida erta turib darsga kech qolmaslik!

✓ 1 oy davomida har kuni geografik atamalar, geografik qobiqning rivojlanish bosqichlari va geoxronologik jadvalni yod olish!

✓ 15 kun davomida barcha vazifalarni o'z vaqtida bajarish!

✓ 14 kun davomida darsda va dars jarayonida bo'ladigan munozaralarda qatnashish!

✓ Dars jarayonlarida lider bo'lib a'lo baholar olish!

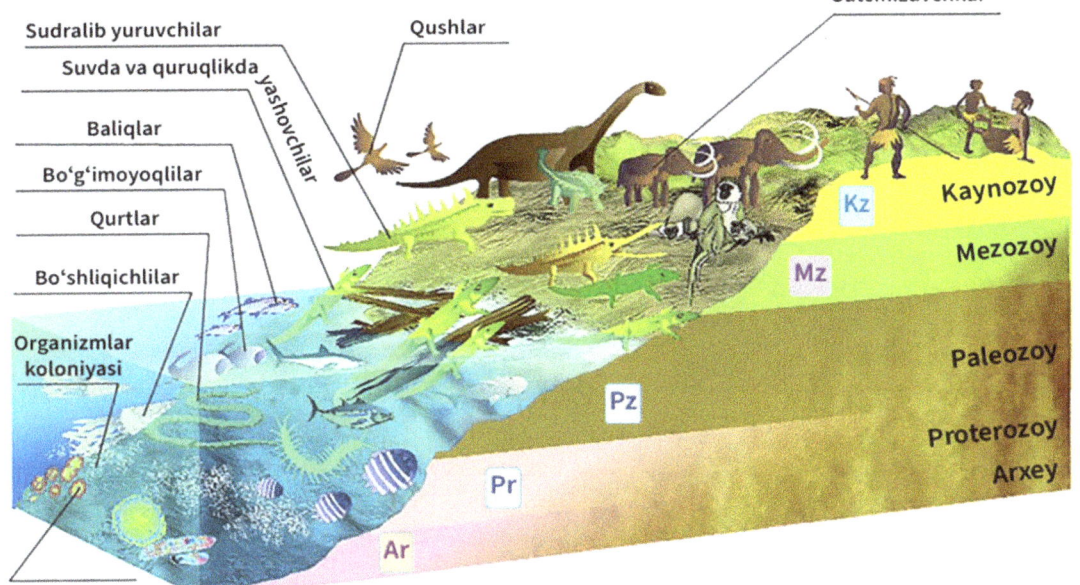

Bugungi mavzuni mustahkamlsh uchun, o'quvchilarni 4 ta guruhga bo'lamiz va har bir guruhga geoxronologik bosqichda yashagan hayvonlarni eralarga qarab aniqlab chiqishni aytasiz . Barcha hayvonlarni eraga qarab to'g'ri joylashtirgan va birinchi tugatgan guruhni taqdirlaymiz.

Afzalliklari : O'quvchilar o'zlari bilmagan yangi ma'lumotlarga ega bo'ladilar va ular uchun bu metod juda qiziqarli va samarali bo'ladi.

Qiyinchiliklari: O'quvchilar soni ko'p bo'lsa, bu jarayon qiyin kechadi va bu metodni bajarish qiyin bo'lishi mumkin o'quvchilarga.

"Rangli qog'ozlar" metodi.

Sinf : 7-sinf

Mavzu: Litosfera va uning harakatlari.

1. Mavzu rejasi va maqsadi tushuntiriladi.

2. O'quvchilarga mavzu bo'yicha ma'lumotlar beriladi.

3. Mavzuni mustahkamlash qismida bu metoddan foydalanish samarali natija beradi.

Bu metoddan foydalanish.

Darsni noodatiy tarzda qiziqarli qilib o'tish hozirgi davrda ustozlarning asosiy vazifalaridan biridir. Bu metod darsni qiziqarli o'tishga va ijobiy atmosfera hosil qilishda yordam beradi.

O'quvchilar bir necha kichik guruhlarga bo'linishadi. 5 ta qizil, 5 ta sariq , va 5 ta ko'k rangdagi qog'ozlar kerak boladi va ularga har xil savollar yoziladi. O'quvchilar navbatma- navbat savollarga javob berib, qo'lidagi qog'ozlarni doskaga yopishtirishadi. Qaysi guruh ko'p ranglar to'play olishsa, o'sha guruh g'olib bo'ladi.

Afzalliklari: O'quvchilar hamjihatlikda ishlashni o'rganishadi va ularda hozirjavoblik, ziyraklik kabi hislatlari rivojlanadi.

Qiyinchiliklar: Guruhlarga bo'lib ishlashda muammolarga duch kelish mumkin.

"Qizil va Yashil savatcha" metodi.

Sinf: 7-sinf

Mavzu: Yerning iqlim mintaqalari.

1. Mavzu rejasi va maqsadi tushuntiriladi.

2. O'quvchilarga mavzu bo'yicha ma'lumotlar beriladi.

3. Mavzuni mustahkamlash qismida bu metoddan foydalanish samarali natija beradi.

Bu metoddan foydalanish.

Darsni qiziqarli tarzda o'tish uchun yangicha metod hisoblanadi.Bizga ikkita rangli qizil va sariq savatchalar kerak bo'ladi. O'tilgan mavzuni 2 ta oq listga kata qilib yozamiz va ularni savatlar ustiga yopishtirib qo'yamiz.

Masalan: Bitta savatga "Asosiy iqlim mintaqalari"

Ikkinchi savatga "Oraliq iqlim mintaqalari" mavzulari yopishtiriladi.

Bu o'yinda ishtirok etish uchun o'quvchilarni 2 ta guruhga bo'lasiz. Barcha ishtirokchilar doskaga chiqishadi va ularning soniga qarab ikkala mavzuga oid savollar tuzib qo'yasiz. O'quvchilar savollarni o'qib uni qaysi mavzuga oid ekanligini topishlari kerak bo'ladi. Javobni to'g'ri topishsa qolidagi qog'ozdan koptokcha shakliga keltirib savatga tashlashlari kerak bo'ladi.

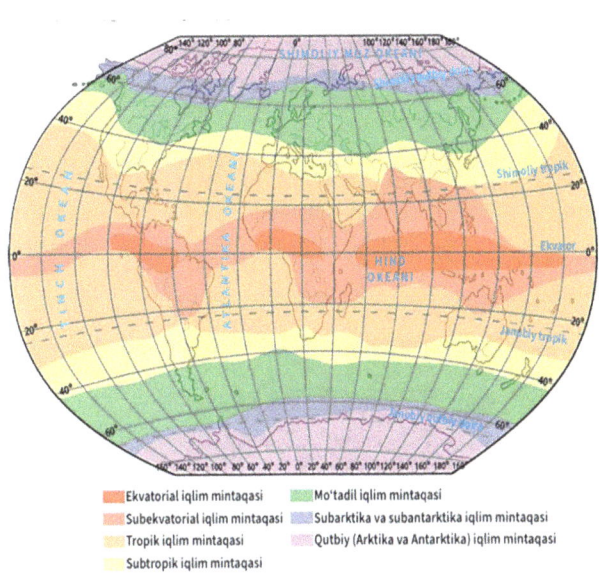

Afzalliklari: Mavzuni takrorlash va mustahkamlash uchun ajoyib metod hisoblanadi.

Bir xil darslardan zerikkan o'quvchilarni harakatga keltiruvchi qiziqarli o'yinli metod hisoblanadi.

Qiyinchilklari : O'quvchilarga savollarga javob topish qiyin kechishi mumkin.

"Tezkor poyezd" metodi.

Sinf: 7-sinf

Mavzu: Landshaftlar.

1. Mavzu rejasi va maqsadi tushuntiriladi.

2. O'quvchilarga mavzu bo'yicha ma'lumotlar beriladi.

3. Mavzuni mustahkamlash qismida bu metoddan foydalanish samarali natija beradi.

Bu metoddan foydalanish.

Sinfdagi o'quvchilarni 6 tadan iborat bo'lgan 3 ta guruhga bo'lib olamiz. Har bir o'quvchida mavzuga oid o'zlari tuzgan savollar bo'lishi kerak. 6 ta o'quvchi o'z sutullarini olib doskaga chiqadilar va ular stullarini bir-birining orqasiga qo'yib dumaloq shaklda o'tirishlari kerak boladi. Ularning yonida raqib jamoa ham huddi shu tarzda o'tirishadi.

Hamma jamoa tayyor bo'lgandan so'ng 1-guruhda bitta o'quvchi 2-guruhga savol berishi kerak bo'ladi. Bu guruh savolga javobni juda tez berishi kerak bo'ladi.

1   2   3

Masalan 1-guruh landshaft haqida savol tuzishadi.

2-guruh esa Kenglik zonalligi haqida savol tuzishadi.

3-guruh esa Balandlik mintaqalari haqida savol tuzishadi.

Shu tarzda barcha ishtirokchilar savol-javob qilishadi. Bu metod orqali dars o'quvchilar juda oson o'zlashtirib olishadi.

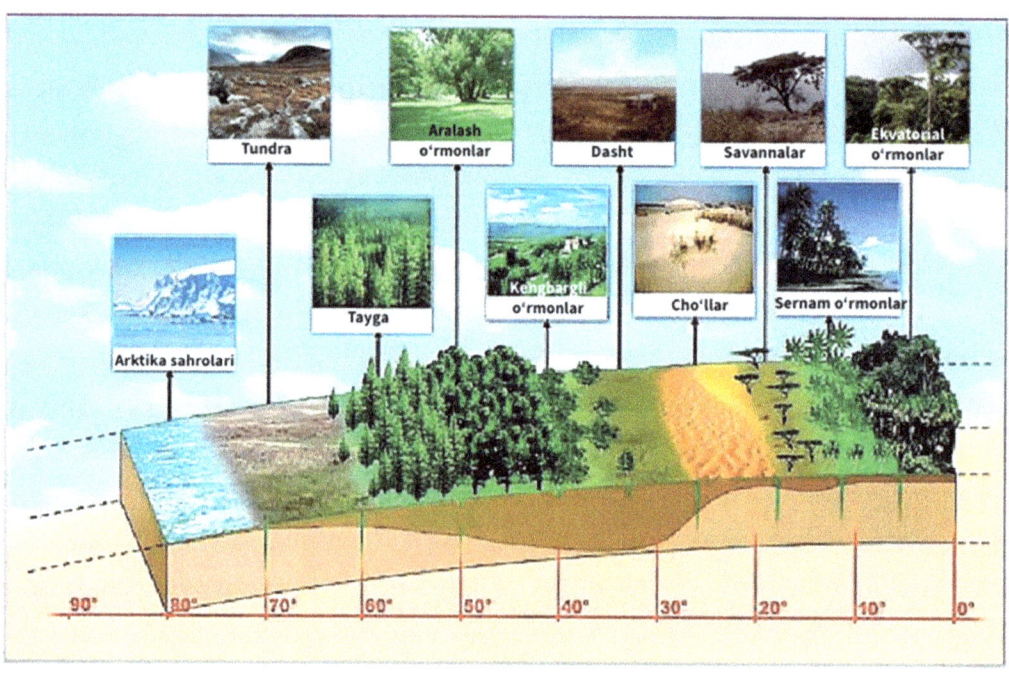

Afzalliklar: Barcha o'quvchilar e'tiborini jalb qilishda , ziyraklik qobilyatini rivojlantirishda juda samarali hisoblanadi.

Qiyinchiliklari: Savollarga javob berishda qiyinchiliklar bo'lishi mumkin.

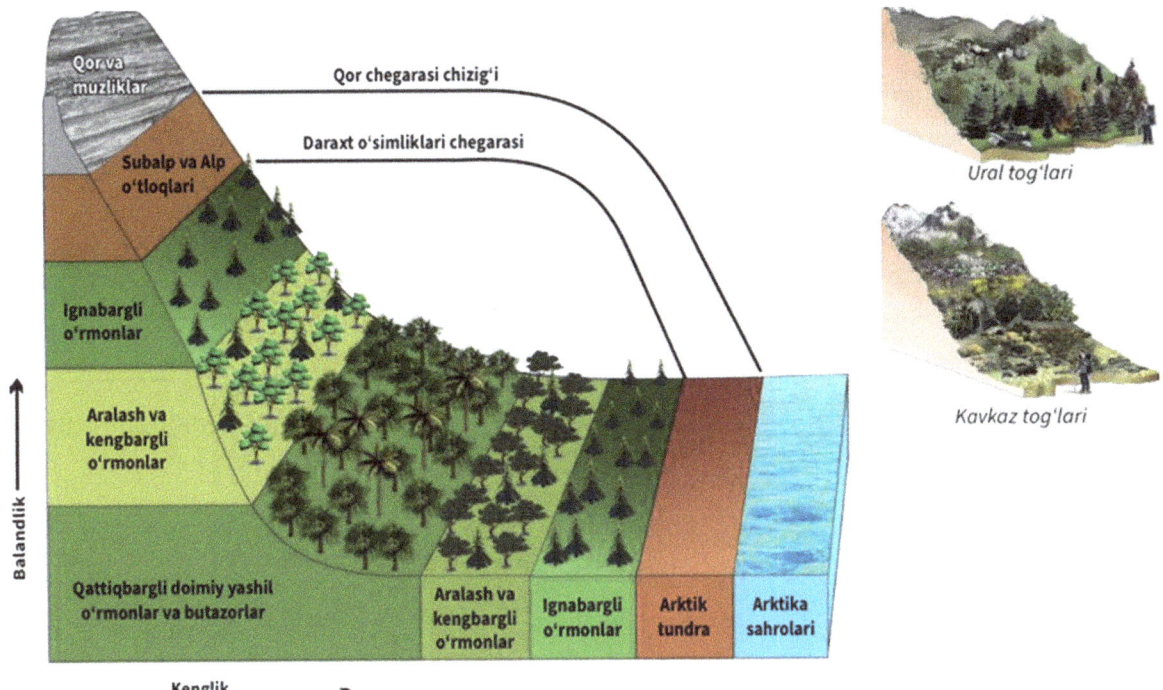

"Meni top" metodi.

Sinf: 7-sinf

Mavzu: Yer yuzi aholisi va uning tabiatga ta'siri.

1. Mavzu rejasi va maqsadi tushuntiriladi.

2. O'quvchilarga mavzu bo'yicha ma'lumotlar beriladi.

3. Mavzuni mustahkamlash qismida bu metoddan foydalanish samarali natija beradi.

Bu metoddan foydalanish

1. O'quvchilarni guruhlarga bo'lib olamiz.

2. 4 ta asosiy irq vakillarini rasmlarni olamiz va ularni bo'laklarga ajratamiz.

3. Doskaga shu bo'laklangan qog'ozlarni yopishtiramiz va har bir qog'oz orqasida savollar yozilgan bo'ladi.

4. Har bir guruhdan bittadan o'quvchi chiqib savollarga javob berishi kerak bo'ladi.

Qaysi guruh savollarga to'g'ri javob berib rasmni to'g'ri yig'ib bilsa o'sha guruh g'olib hisoblanadi.

Afzalliklar: O'quvchilarni hayotiy ko'nikmalarni va ijodiy fikrlashlarini rivojlantirishga yordam beradi.

Turli irq vakillari

Qiyinchiliklar: O'quvchilar o'rtasida turli irq vakillarini taxlil etishda qiyinchilik tug'dirishi mumkin.

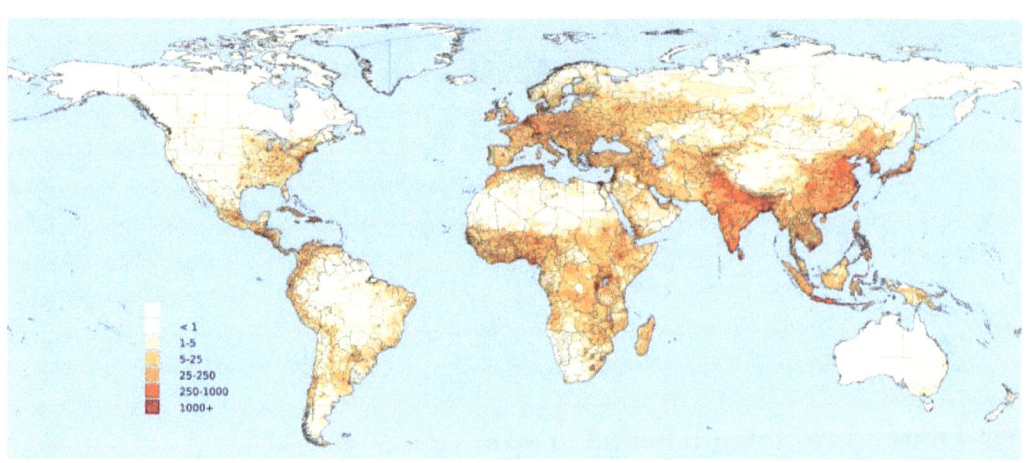

"Diqqatni jamla" metodi.

Sinf: 7-sinf

Mavzu: Dunyo okeani.

1. Mavzu rejasi va maqsadi tushuntiriladi.

2. O'quvchilarga mavzu bo'yicha ma'lumotlar beriladi.

3. Mavzuni mustahkamlash qismida bu metoddan foydalanish samarali natija beradi.

Bu metoddan foydalanish

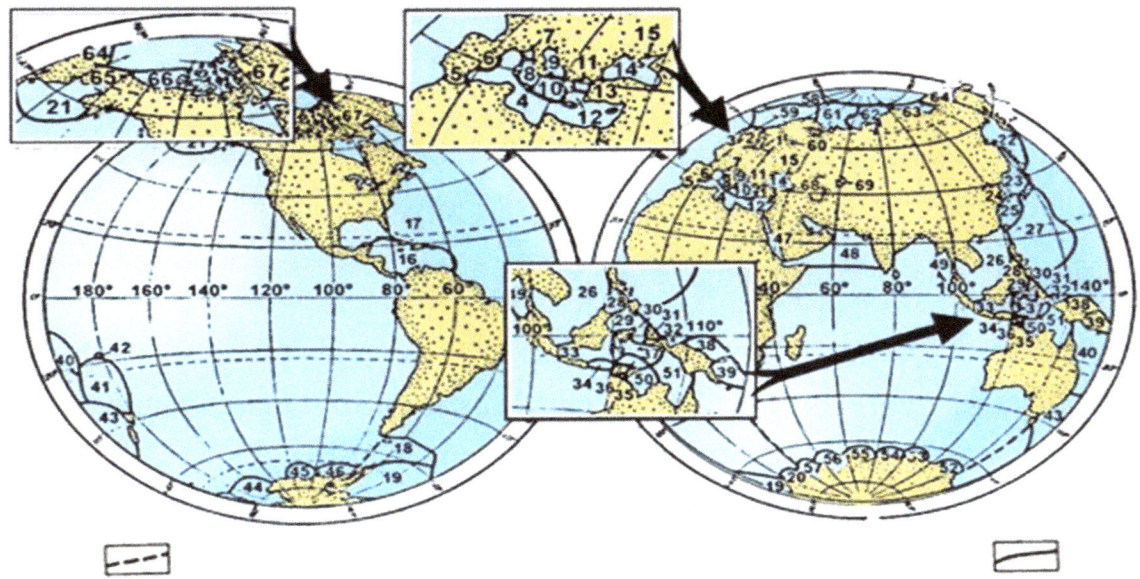

Bu metoddan darsni mustahkamlash uchun foydalansa bo'ladi. O'quvchilarni savol-javob qilganimda men stakan va suvdan foydalandim. Doskaga 3 ta o'quvchini chiqardim va ularga birin ketin savol bera boshladim savolimga to'g'ri javob bergan o'quvchi stakaniga suv solib borishi kerak boladi. Eng ko'p savollarga javob bergan va stakani birinchi bo'lib to'lgan o'quvchi g'olib hisoblanadi.

Bugungi mavzuga bu metod mos bo'lishi uchun suv va stakandan foydalanildi bu jarayon o'quvchilarga ham qiziqarli bo'ladi.

Afzalliklar: Bu metod orqali o'quvchilarni darsga bo'lgan ishtiyoqini orttirish va darsni mazmunli tashkil etish hisoblanadi.

Qiyinchiliklar: Darsga tayyor bo'lmagan o'quvchilar savollarga javob berishda qiyinchiliklar tug'ilishi mumkin.

"Relyef" metodi.

Sinf: 7-sinf

Mavzu: Dunyo okeani tubining geologik tuzilishi va relyefi.

1. Mavzu rejasi va maqsadi tushuntiriladi.

2. O'quvchilarga mavzu bo'yicha ma'lumotlar beriladi.

3. Mavzuni mustahkamlash qismida bu metoddan foydalanish samarali natija beradi.

Bu metoddan foydalanish

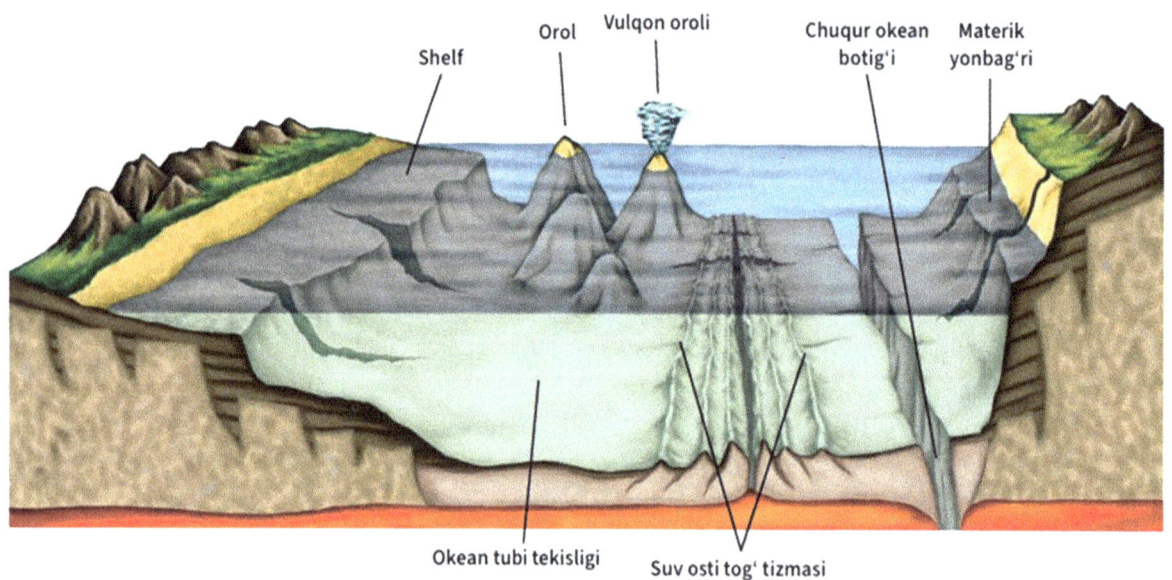

- ✓ O'quvchilarni 6 ta guruhga bo'lib olamiz.
- ✓ Har bir guruhda 6 tadan o'quvchi.
- ✓ Ishlanishi kerak bo'lgan bitta mavzu.

O'quvchilarni guruhlarga bo'lib olganimizdan so'ng ularga 35 daqiqa vaqt belgilaymiz. O'quvchilar o'zlariga ajratilgan vaqt ichida "okean tubi relyefi"ni yaniy maketini ishlab uning hamma qismini tushuntirib berishlari kerak bo'ladi. Barcha guruhlarning ishlagan ishlari tayyor bo'lgandan keyin barcha guruhdan 2 tadan o'quvchi chiqib o'z maketini reklama qilishadi. Qaysi guruh zo'r ishlab reklama qilib bersa o'sha guruh g'olib bo'ladi.

Afzalliklari: Oʻquvchilarning nutqiy qobilyati rivojlanadi, omma oldida oʻzini tutishi shakillanadi.

Qiyinchiliklar: Yosh xususiyati va vaqtni toʻgʻri taqsimlashda muammoga duch kelish mumkin.

"Mavzular aylanganda" metodi.

Sinf: 7-sinf

Mavzu: Okean suvining xususiyatlari.

1. Mavzu rejasi va maqsadi tushuntiriladi.

2. Oʻquvchilarga mavzu boʻyicha ma'lumotlar beriladi.

3. Mavzuni mustahkamlash qismida bu metoddan foydalanish samarali natija beradi.

Bu metoddan foydalanish.

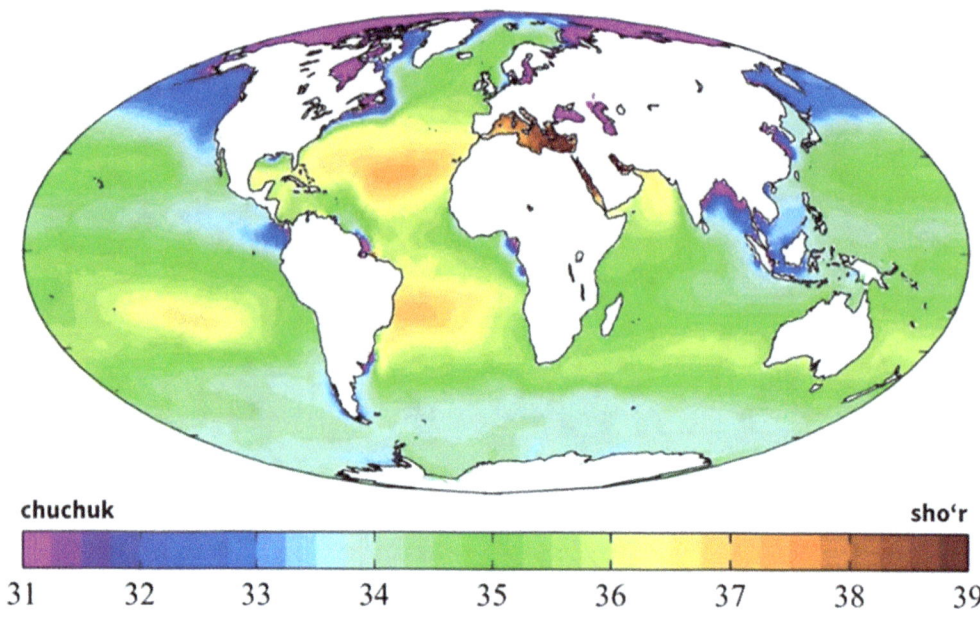

Barcha oʻquvchilarga mavzuga oid atama yoki ma'lumot yozishlarini ayting. Doskaga esa bitta stul va 6 ta oʻquvchi chiqaring, shu oʻquvchilardan bittasi stulga oʻtirishi kerak boʻladi, qolganlar esa atrofida aylana shakilda turishadi. Musiqa boshlanishi bilan oʻquvchilar stulda oʻtirgan oʻquvchi atrofida aylana boshlaydilar, musiqa tugaganda stulda oʻtirgan oʻquvchining qarshisida kim turib qolsa, oʻsha oʻquvchi oʻtirgan oʻquvchiga savol beradi, agar savolga javob berolsa ular joy almashishadi, agar javob berolmasa oʻyindan chetlashtiriladi.

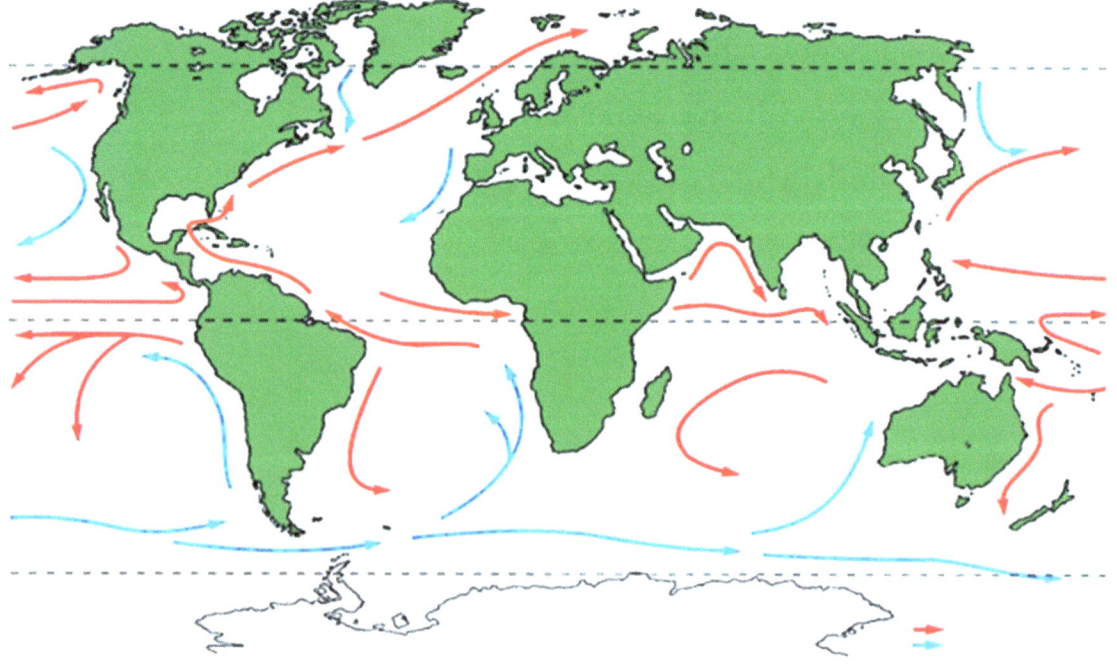

Afzalliklari: Oʻquvchilar darsga qiziqib, mavzuni qanday takrorlab chiqqanlarini bilmay qoladilar.

Qiyinchiliklari: Bu metodni barcha o'quvchilar bilan qo'llashga vaqt yetmasligi mumkin.

"Yashil chiroq" metodi.

Sinf: 7-sinf

Mavzu: Okean boyliklari va ulardan foydalanish.

1. Mavzu rejasi va maqsadi tushuntiriladi.

2. O'quvchilarga mavzu bo'yicha ma'lumotlar beriladi.

3. Mavzuni mustahkamlash qismida bu metoddan foydalanish samarali natija beradi.

Bu metoddan foydalanish.

O'quvchi uzoqi bilan 15 daqiqa darsga diqqat qilib tinglab otirishi mumkin. Undan song diqqati boshqa bir narsaqa chalg'ib boshlaydi.Shuning uchun bu metoddan darslarda foydalanishga qulay hisoblanadi. Dars davomida o'quvchilarga 5 daqiqalik tanaffus beriladi. Doskaga yashil qog'oz ilib qo'yiladi. Bu paytda o'quvchilar sinf xonasidan chiqmagan holatda istagan ishlarini qilishi mumkin. Masalan: suv ichishi yoki boshqa bir ish bilan shug'ullanishi mumkin. Bu metod o'quvchilarga kutilmagan ijobiy holat bo'lishi mumkin.Tanaffus tugagandan so'ng bugungi mavzuni mustahkamlash uchun o'quvchilardan.

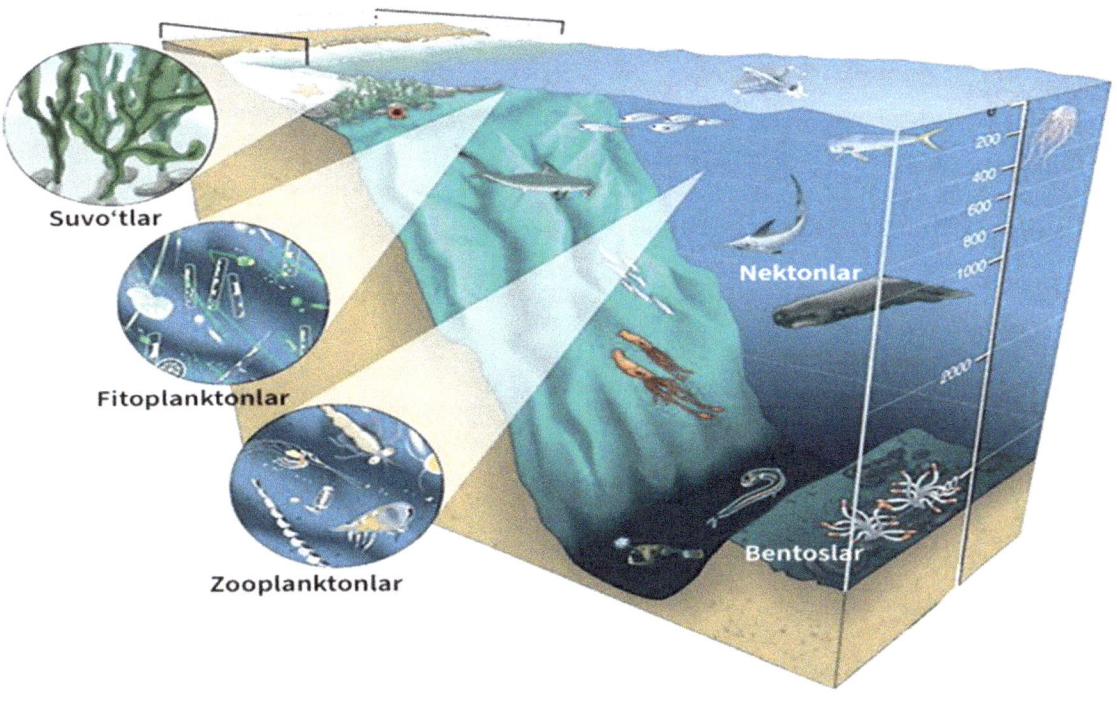

✓ Nektonlar

- ✓ Planktonlar
- ✓ Fitoplanktonlar
- ✓ Dunyo okean boyliklari haqida qaytadan so'rab olinsa, o'quvchilarning hotirasida yaxshi saqlanib qoladi, bu metod aqlni uyg'otishda ijobiy samara beradi.

Afzalliklari: O'quvchilarga bir xillikdan zerikmasliklari uchun yordam beradi.

Qiyinchiliklari: 5 daqiqalik tanaffusda o'quvchilar ortiqcha shovqin qilishlari mumkin.

"Kim chaqqon" metodi.

Sinf: 7-sinf.

Mavzu: Afrika materigi.

1. Mavzu rejasi va maqsadi tushuntiriladi.

2. O'quvchilarga mavzu bo'yicha ma'lumotlar beriladi.

3. Mavzuni mustahkamlash qismida bu metoddan foydalanish samarali natija beradi.

Bu metoddan foydalanish.

Dastlab o'quvchilarni ikkita katta guruhlarga bo'lib olamiz va ularni nomlab olamiz.

1-guruh: Livingston

2-guruh: Yunker

Ikkita guruhning partasini ustiga guruh nomi yozilgan qog'oz qo'yiladi. Guruhlarni har biriga Afrika materigini yozuvsiz kartalari va alohida tarqatma savollar beriladi. Har bir guruh o'zlariga tarqatilgan yozuvsiz kartalardan foydalanilgan holda 1-guruh D.Livingstonni Afrika materigida bosib o'tgan yo'llarini belgilashlari va savollarga to'g'ri javob berishlari kerak bo'ladi. 2-guruh esa V.Yunkerni bosib o'tgan yo'llarini belgilab savollarga javob berishi kerak bo'ladi.

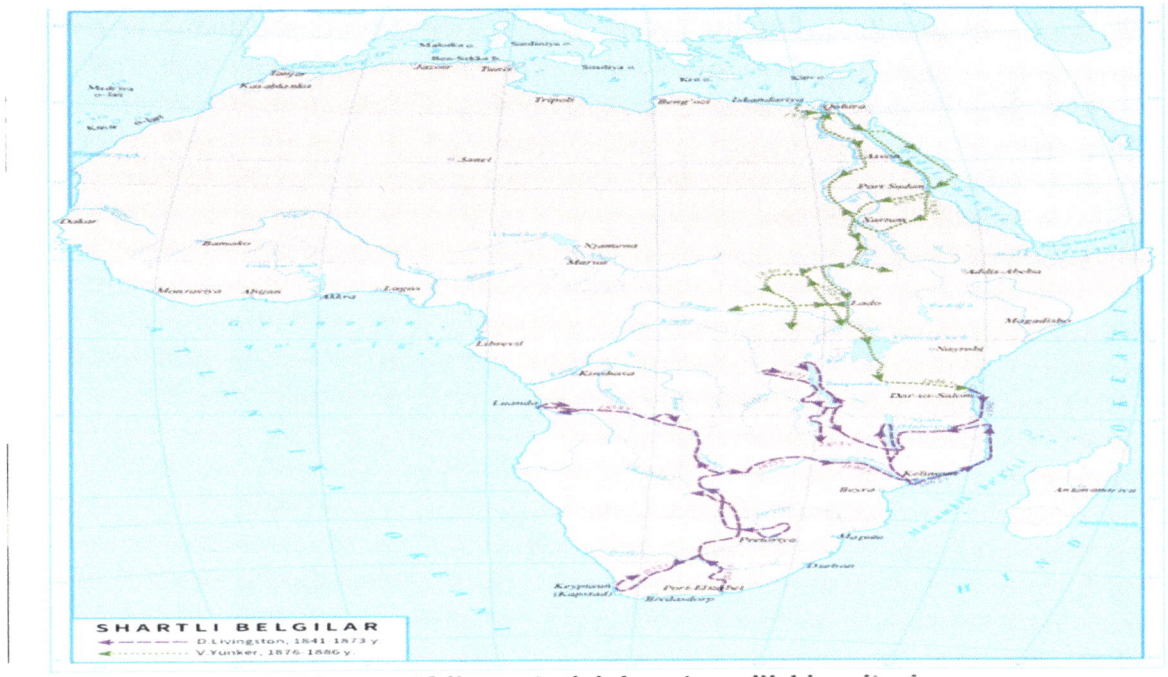

Afzalliklari: O'quvchilar yozuvsiz kartalar bilan ishlashni o'rganib oladilar va fikirlashi ham ravonlashadi.

Qiyinchiliklari: Yozuvsiz kartadan foydalanish o'quvchilarga qiyinlik tug'dirishi mumkin.

"Meni tingla va tushun" metodi.

Sinf: 7-sinf.

Mavzu: Afrika materigini geologik tuzilishi, relyefi va foydali qazilmalari.

1. Mavzu rejasi va maqsadi tushuntiriladi.

2. O'quvchilarga mavzu bo'yicha ma'lumotlar beriladi.

3. Mavzuni mustahkamlash qismida bu metoddan foydalanish samarali natija beradi.

Bu metoddan foydalanish.

- ✓ O'quvchilarni 3 ta guruhlarga ajratib olamiz.
- ✓ O'quvchilarni bir-biriga qarama-qarshi tarzda o'tirishlari kerak bo'ladi.
- ✓ Uchta guruhdagi o'quvchilarni soni teng bo'lishi kerak.
- ✓ Har bir guruhga Afrika materigida tarqalgan foydali qazilmalar yozilgan qog'ozlar tarqatilinadi.
- ✓ 5 daqiqa ichida o'quvchilar bir- biriga, qarama-qarshi tomondagi guruhlarga

qo'lidagi ma'lumotni yetkazishlari kerak bo'ladi.

✓ Berilgan vaqt tugagach har bir guruh doskaga chiqib, eshitgan ma'lumotlarni aytib berishlari kerak bo'ladi.

Afzalliklari: O'quvchilar diqqatni bir joyga jamlash, muhim jihatga e'tibor qaratish zarurligini o'rganib olishdi.

Qiyinchiliklari: Sinf xonasida ortiqcha shovqin paydo bo'lib o'quvchilar bir-birini eshitmay qolishlari mumkin.

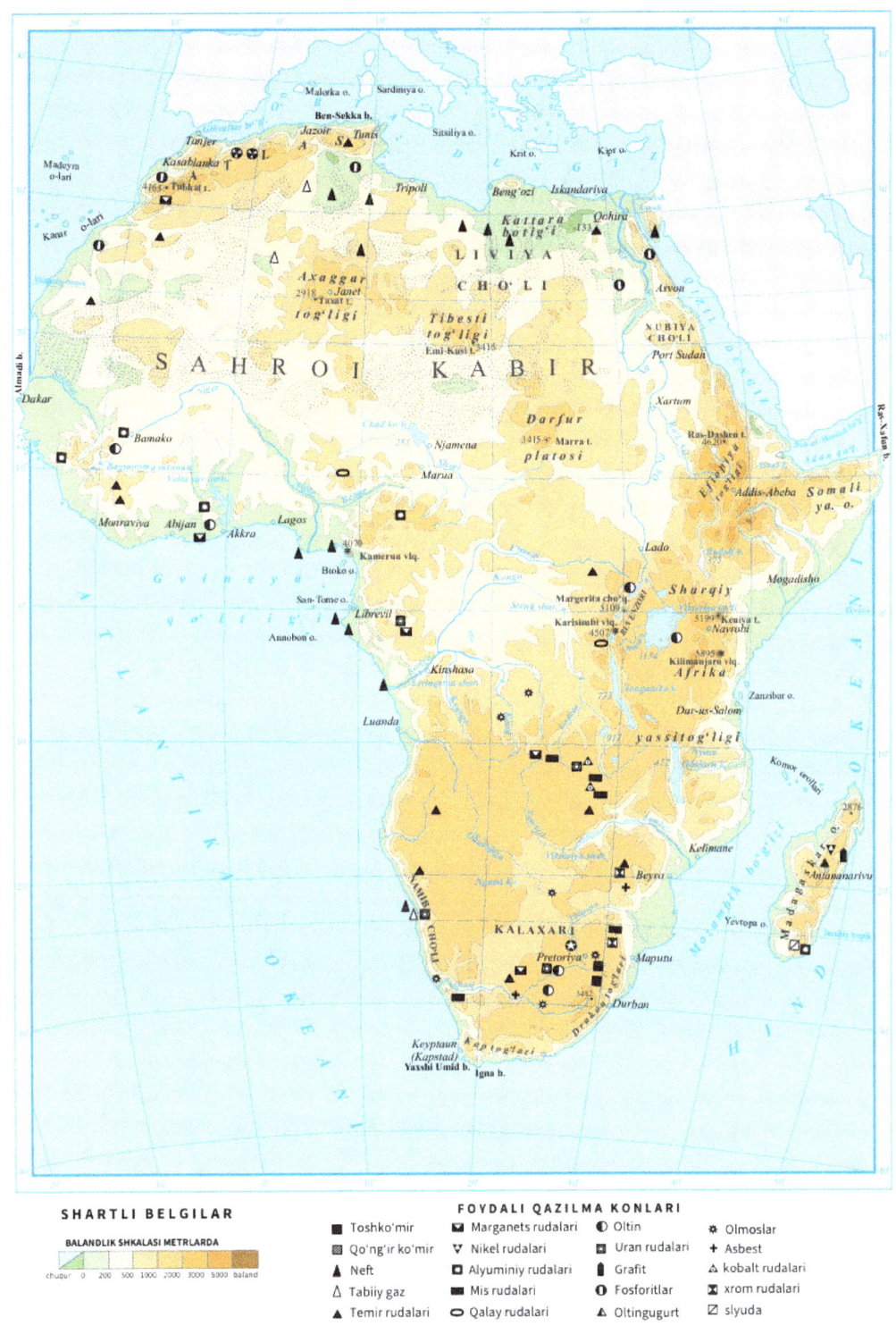

Afrika materigining tabiiy xaritasi

"Enerjayzer" metodi.

Sinf: 7-sinf.

Mavzu: Afrika materik iqlimining xususiyatlari. Iqlim mintaqalari.

1. Mavzu rejasi va maqsadi tushuntiriladi.

2. O'quvchilarga mavzu bo'yicha ma'lumotlar beriladi.

3. Mavzuni mustahkamlash qismida bu metoddan foydalanish samarali natija beradi.

Bu metoddan foydalanish.

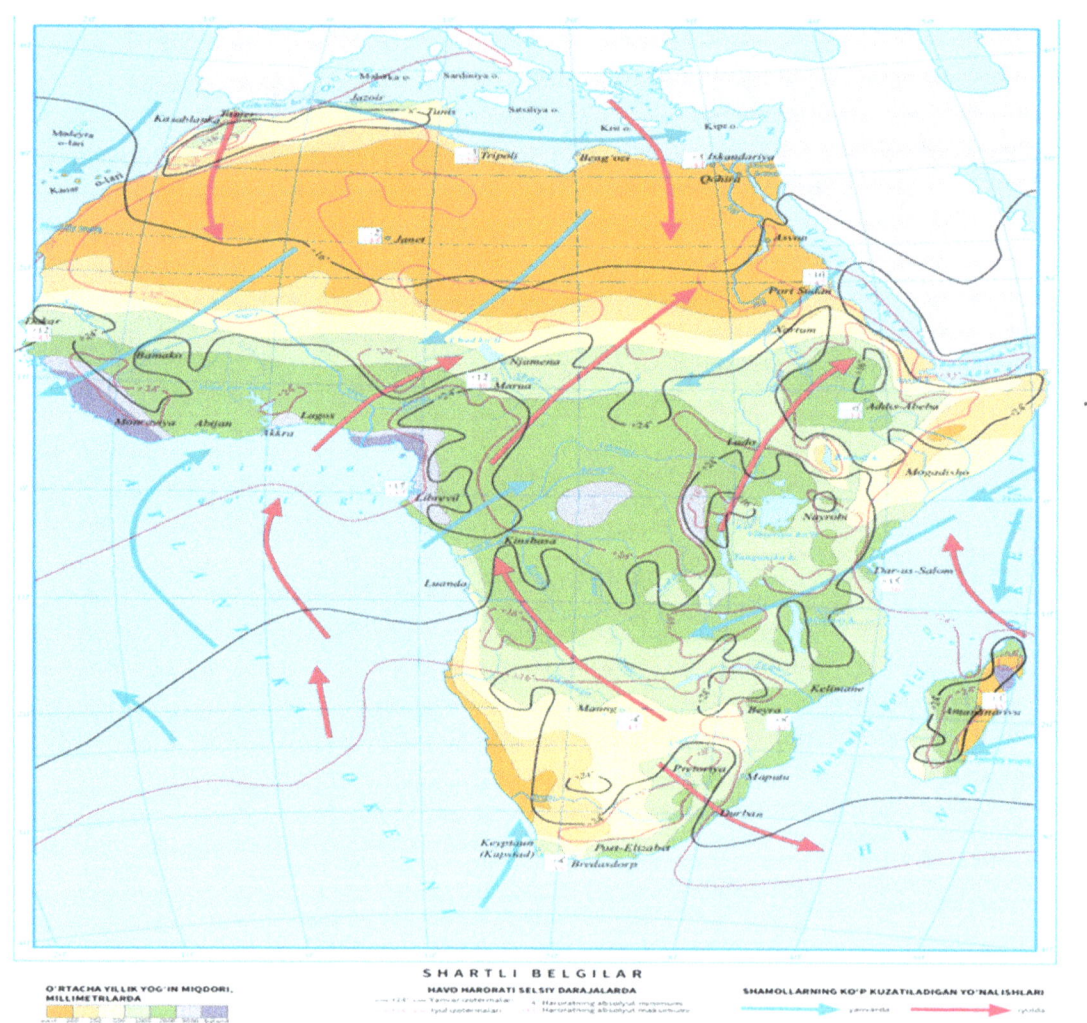

1. Sinfni to'rtta tomoniga mavzuga oid savollar yopishtirib chiqamiz.

2. Har tomonga 3 tadan savollar yopishtirib chiqamiz.

3. Savollar asosan 4 ta asosiy iqlim mintaqalaridan tuziladi.

4. Savollarning 2 tasi mavzuga oid bo'ladi, 1 tasida esa o'quvchilarni darsga qiziqtirish uchun sovg'a bo'ladi.

Savollarga to'g'ri javob bergan va sovg'aga ega bo'lgan o'quvchilar o'yinni davom ettirishlari mumkin yoki savolga javob berolmasalar o'yindan chetlashtiriladi.

Afzalliklari: O'quvchilarni darsga bo'lgan qiziqishlari yanada ortadi va darsda ko'proq qatnashishga harakat qilishadi.

Qiyinchiliklari: Barcha darslarda qo'llashga to'g'ri kelmaydi.

"Aql charxi" metodi.

Sinf: 7-sinf.

Mavzu: Afrika materigining ichki suvlari.

1. Mavzu rejasi va maqsadi tushuntiriladi.

2. O'quvchilarga mavzu bo'yicha ma'lumotlar beriladi.

3. Mavzuni mustahkamlash qismida bu metoddan foydalanish samarali natija beradi.

Bu metoddan foydalanish.

- ✓ Darsda o'quvchilar diqqatini jalb qilishda kata yordam beradi.
- ✓ Miya charchagan vaqtda chalg'itib, darsga qiziqish uyg'otadi.
- ✓ O'quvchilar tengdoshlari fikrini eshitib, analiz qilishadi. Yaxshiroq g'oya aytishga harakat qiladi.

Bu metoddan darsni istalgan vaqtida foydalanish mumkin. Dars paytida o'quvchilarda biroz zerikish his qilganlarida bu metoddan foydalanish mumkin.

Masalan: o'quvchilarga Afrika materigini ichki suvlaridan eng kattalarini ayting deb o'quvchilarga savol berasiz , savolni to'g'ri tanlash muhim hisoblanadi. Hamma o'quvchilar birin-ketin savolga javob bera boshlashadi.

Afzalliklari: O'quvchilar o'rtasida raqobatni uyg'otadi, o'quvchilar faollashadi.

Qiyinchiliklari: Darsga tayyor bo'lmagan o'quvchilar savollarga javob berishda qiyinchiliklar tug'ilishi mumkin.

Afrika materigining ichki suvlari xaritasi

"Qutidan tashqari" metodi.

Sinf: 7-sinf.

Mavzu: Afrika materigining tabiat zonalari.

1. Mavzu rejasi va maqsadi tushuntiriladi.

2. O'quvchilarga mavzu bo'yicha ma'lumotlar beriladi.

3. Mavzuni mustahkamlash qismida bu metoddan foydalanish samarali natija beradi.

Bu metoddan foydalanish.

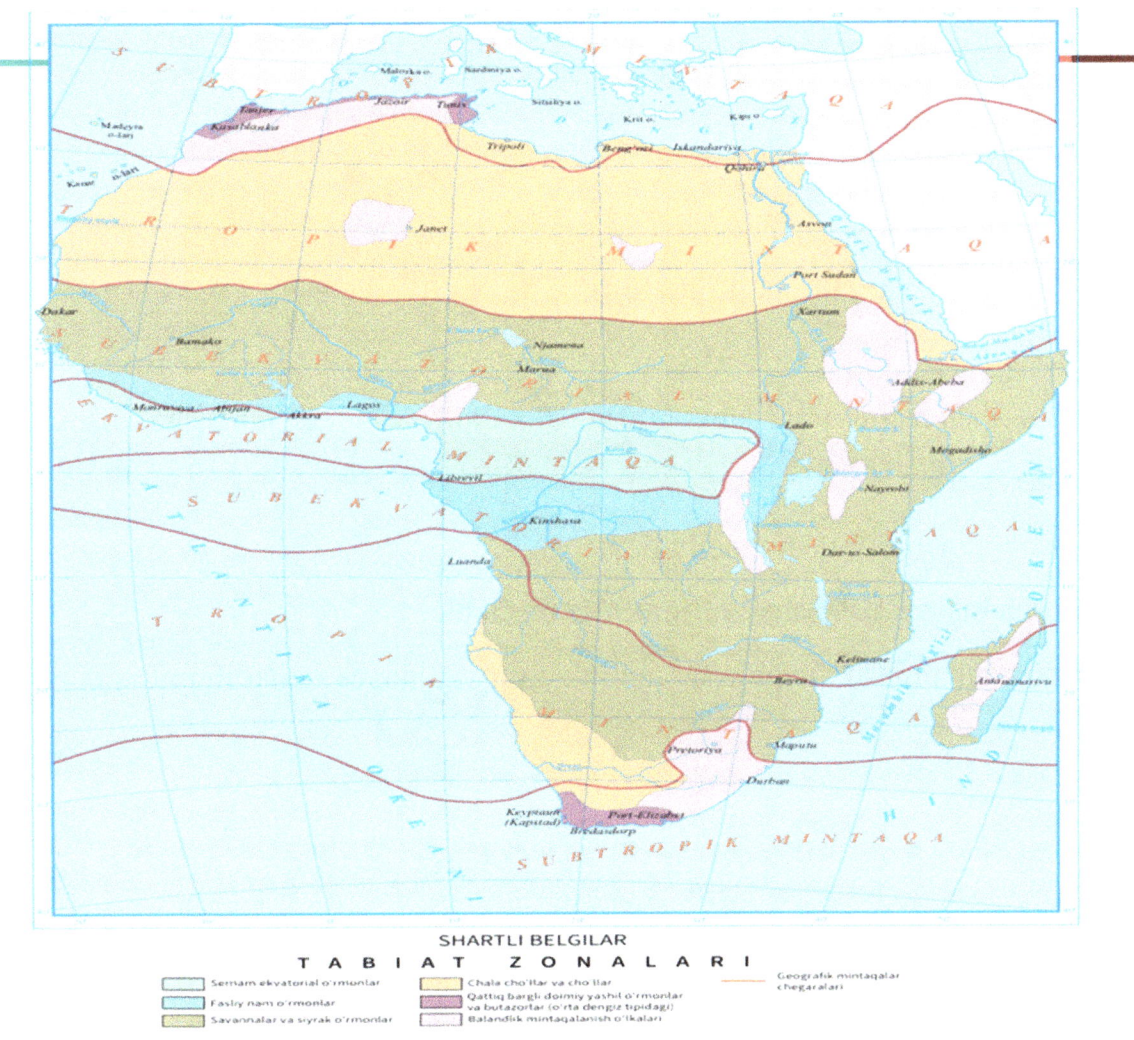

- Bu o'yin sinfda guruhlarga bo'lingan holatda o'ynaladi.
- O'quvchilarni 3 ta guruhga bo'lib olamiz.
- Bu metod uchun doska, qog'oz, ruchka, kerak bo'ladi.
- Bu metod uchun o'quvchilarga 10 yoki 15 daqiqa vaqt beriladi.
- Bu metod o'quvchilarni "qutidan tashqari" fikirlashga va kreativlikka majbur qiladi.

O'qituvchi doskaga bugungi mavzuga oid bo'lgan tushunchalar (ekvatorial oʻrmonlar, savannalar, troʻpik choʻllar va subtropiklar) yozadi. Oʻquvchilar shu tushunchalarni daftariga yozib olishi, va har bir tushuncha uchun shu harfdan boshlanadigan geografik soʻzlar yoki atamalar yozishlari kerak boʻladi. Berilgan vaqt tugagach har bir toʻgʻri soʻz uchun ball qoʻyiladi.

Afzalliklari: Bu metod oʻquvchilarni kreativlikka va kengroq oʻylashga undaydi.

Qizinchiliklari: Oʻquvchilar vaqtni toʻgʻri taqsimlab bilmasliklari mumkin.

"Shartli belgi" metodi.

Sinf: 7-sinf.

Mavzu: Afrika materigini tabiiy geografik oʻlkalari. Materik tabiatiga insonning taʼsiri.

1. Mavzu rejasi va maqsadi tushuntiriladi.

2. Oʻquvchilarga mavzu boʻyicha maʼlumotlar beriladi.

3. Mavzuni mustahkamlash qismida bu metoddan foydalanish samarali natija beradi.

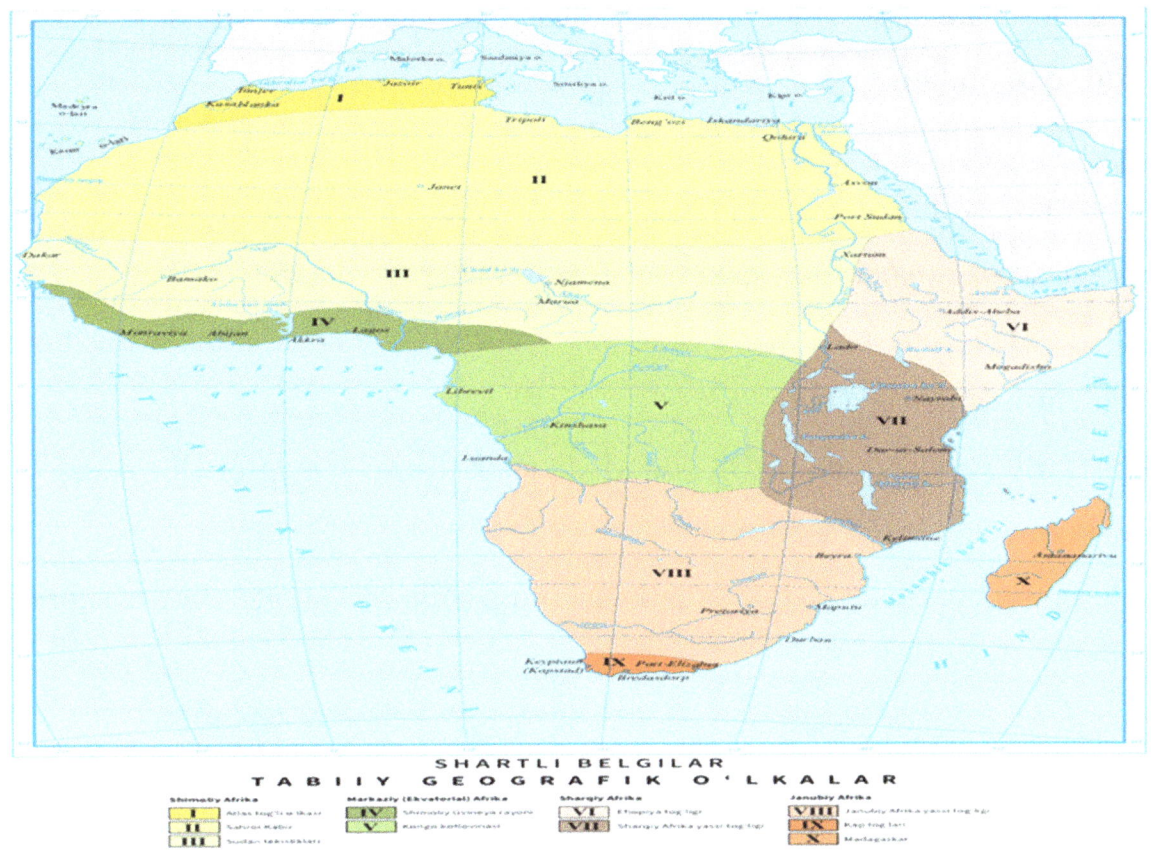

Bu metoddan foydalanish.

Dars boshlamasdan oldin, o'quvchilarga 10 xil rangli raqamlangan qog'ozlar tarqatamiz. Bu rangli qog'ozlar " Afrikaning tabiiy geografik o'lkalari xaritasidan" foydalanish uchun kerak bo'ladi. Dars mavzusini tushuntirib bo'lgandan so'ng, darsni mustahkamlash uchun kutilmagan rangni ko'rsatasiz va o'quvchilar qog'ozni rangi va raqamiga qarab, bu Afrikaning qaysi o'lkasi ekanligini aytishlari kerak bo'ladi.

Afzalliklari: O'quvchilar e'tiborini darsga qaratishga yordam beradi. Tinglovchilarda hushyorlikni oshiradi, darsni zerikarli bo'lishini oldini olinadi.

Qiyinchiliklari: O'quvchilarga shartli belgilar bilan ishlash murakkab bo'lishi mumkin.

"Toshbaqani tog'ri jamla" metodi.

Sinf: 7-sinf.

Mavzu: Atlantika okeani.

1. Mavzu rejasi va maqsadi tushuntiriladi.

2. O'quvchilarga mavzu bo'yicha ma'lumotlar beriladi.

3. Mavzuni mustahkamlash qismida bu metoddan foydalanish samarali natija beradi.

Bu metoddan foydalanish.

Bu metodni istalgan mavzuga moslashtirsa bo'ladi va o'quvchilarga ham bu metod qiziqarli bo'ladi. Toshbaqa rasmini yasab uni mozaika ko'rinishida qirqib chiqasiz. Qismlar birlashish joyiga mavzuga oid ma'lumotlar (Atlantika okeani foydali qazilmalari, okean tubi relyefi, harorat va sho'rlikgi) yoziladi. Bular bir-birini to'ldiruvchi xususiyatga ega bo'ladi.

Afzalliklari: Bu metod o'quvchilar yuqori darajada qiziqish uyg'otadi va raqobat uyg'otadi.

Qiyinchiliklari: Bu metod yosh jihatidan o'quvchilarga qiyinchilik tug'dirishi mumkin.

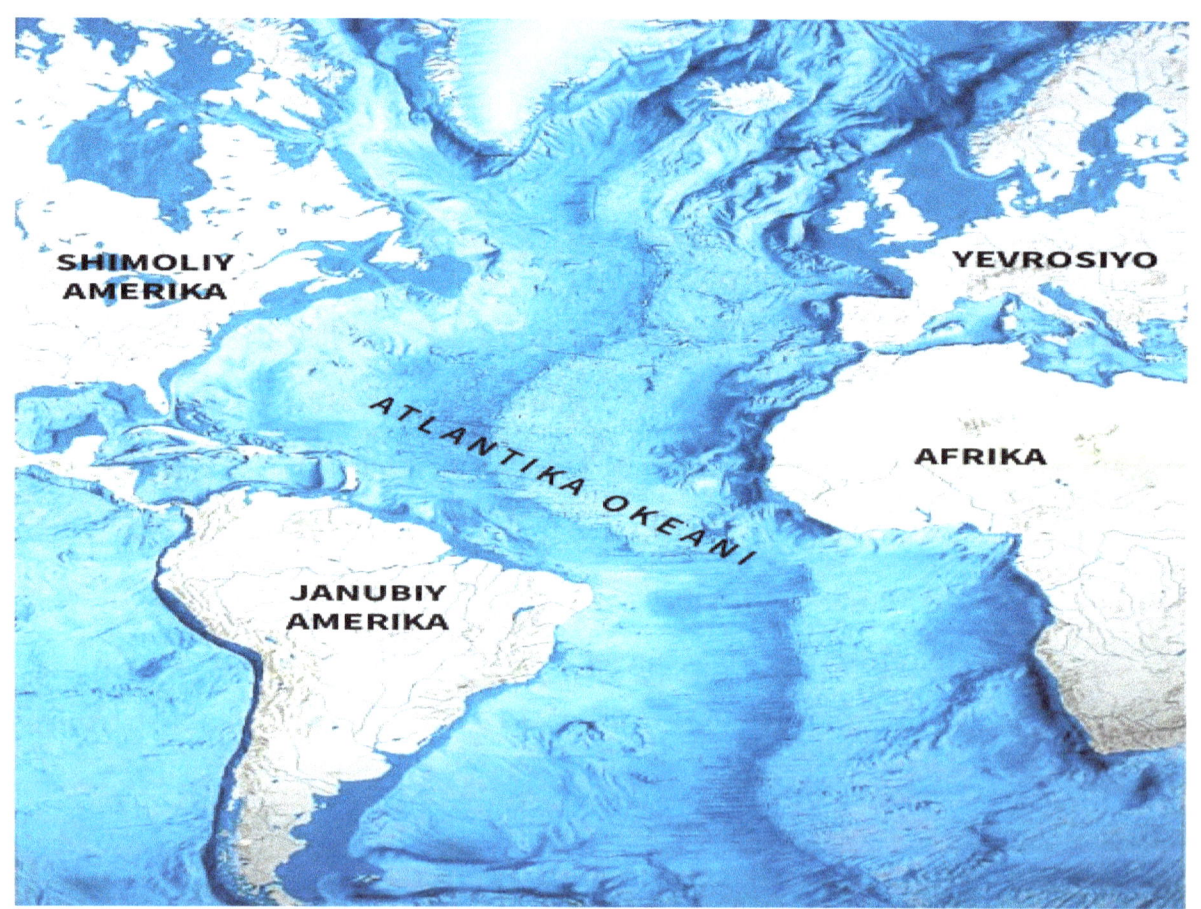

Atlantika okeani suvosti relyefi

"Savollar daraxti" metodi.

Sinf: 7-sinf.

Mavzu: Hind okeani.

1. Mavzu rejasi va maqsadi tushuntiriladi.

2. O'quvchilarga mavzu bo'yicha ma'lumotlar beriladi.

3. Mavzuni mustahkamlash qismida bu metoddan foydalanish samarali natija beradi.

Bu metoddan foydalanish.

- ✓ Dars uchun daraxt rasmi kerak bo'ladi.
- ✓ Stikerlar

- ✓ Xohlasangiz daraxt rasmini doskaga chizib qo'ying.
- ✓ Bu jarayon uchun o'quvchilarga 10 daqiqa vaqt bering.

O'quvchilar soniga qarab ularga 1 tadan stiker tarqating va ularga bugungi darsdan nima o'rganishgani haqida va qaysi ma'lumotlarga tushunmaganlarini yozishlarini va dars haqida og'zaki fikir bildirishlarini ayting. Barcha o'quvchilar yozib bo'lganidan so'ng stikerlarni yig'ib chiqib "savollar daraxtiga" yopishtiramiz.

O'quvchilar dars haqida og'zaki fikrini bildirgandan so'ng savollarga qaytib ularni tahlil qilamiz.

Afzalliklari: Bu metoddagi stikerlar tortinchoq, gapirmaydigan bolani fikrini yozma nutq orqali yetkazib beradi. Yozma nutqi oshadi.

Qiyinchiliklari: Sinfda o'quvchilar soni ko'p bo'lsa ularning yozgan savollariga javob berish uchun vaqt yetmasligi mumkin.

"Janubiy" metodi

Sinf: 7-sinf.

Mavzu: Avstraliya materigi. Geografik o'rni, o'rganilishi, geologik tuzilishi, foydali qazilmalari va relyefi.

1. Mavzu rejasi va maqsadi tushuntiriladi.

2. O'quvchilarga mavzu bo'yicha ma'lumotlar beriladi.

3. Mavzuni mustahkamlash qismida bu metoddan foydalanish samarali natija beradi.

Bu metoddan foydalanish.

- ✓ O'quvchilarni guruhlarga ajratib olamiz
- ✓ Bizga Avstraliyaning yozuvsiz kartasi kerak bo'ladi
- ✓ Rangli ruchka yoki qalamlar
- ✓ Avstraliya materigini o'rgangan sayyohlani jadvali

O'quvchilarni guruhlarga ajratib olganimizdan so'ng, ularga yozuvsiz kartalar bilan jadval tarqatamiz, ular topshiriqlarni bir-biriga moslab ishlashlari kerak boladi. O'quvchilarga 10 yoki 15 daqiqa vaqt beramiz. Vaqt tugagandan so'ng topshiriqlarni yig'ib olamiz. Bu topshirqlarni to'g'ri bajargan guruh g'olib bo'ladi.

Afzalliklari: O'quvchilar miyasidagi bilimlar ba'zasini tita boshlaydi, ziyrakligi ortadi.

Qiyinchiliklari: Bu metodni tezda tushunib bajarishda o'quvchilar muammoga duch kelishi mumkin.

Yillar	Sayyoh, tadqiqotchi	O'rganilgan (kashf etilgan) hududlar
1606-y.	Luis Torres	Avstraliya va Yangi Gvineya oroli oralig'idagi Torres bo'g'izi
1642–1644-y.	Abel Tasman	Materikning shimoli-g'arbiy va shimoliy qirg'oqlari, Tamaniya oroli
1770-y.	Jeyms Kuk	Materikning sharqiy qirg'oqlari
1797–1803-y.	Metyu Flinders	Katta To'siq rifi
1798-y.	Jorj Bass	Tasmaniya oroli va Avstraliya materigini ajratib turuvchi Bass bo'g'izi

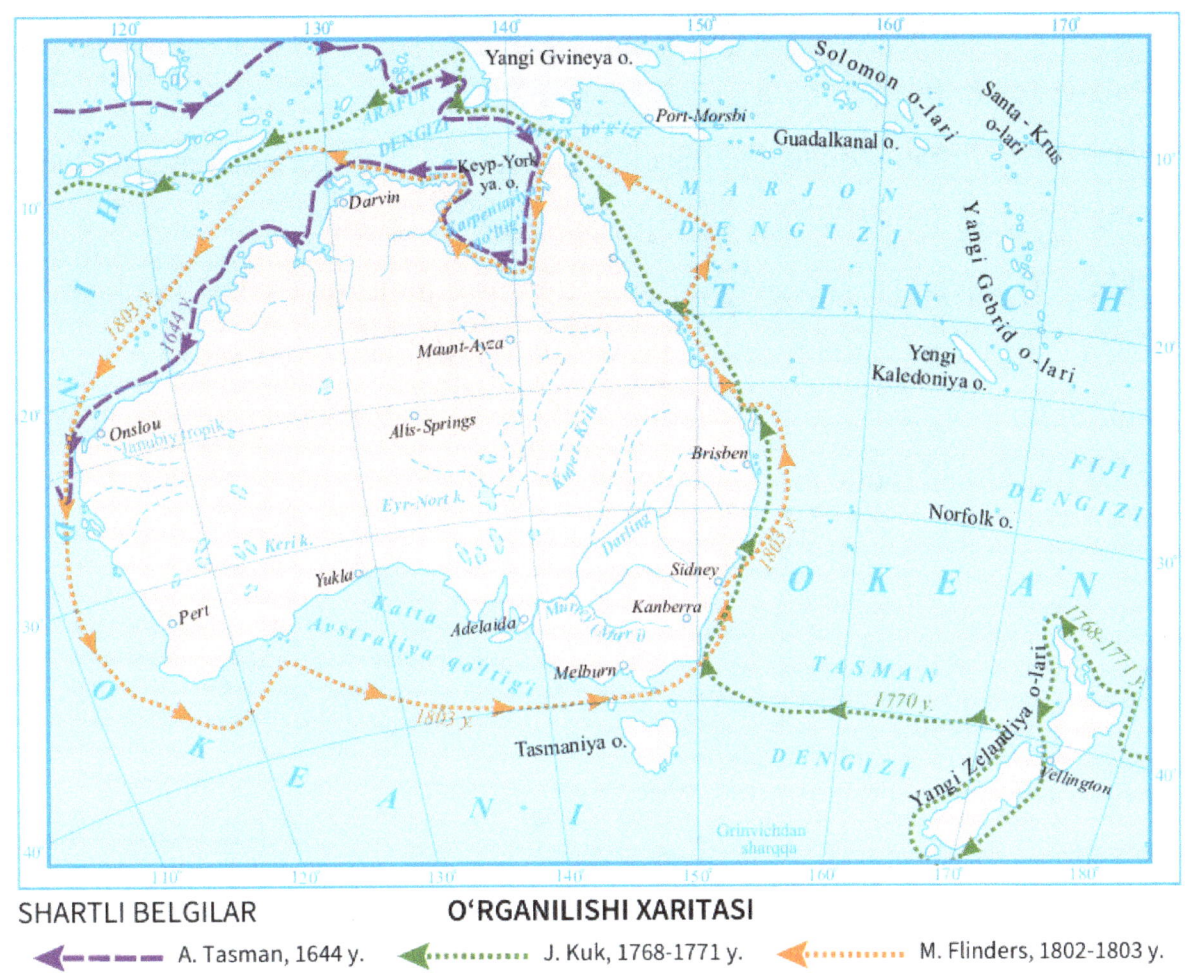

SHARTLI BELGILAR   O'RGANILISHI XARITASI

◄— — — A. Tasman, 1644 y.   ◄·········· J. Kuk, 1768-1771 y.   ◄·········· M. Flinders, 1802-1803 y.

Avstraliya materigining o'rganilish xaritasi

"Eslab qoling" metodi.

Sinf: 7-sinf.

Mavzu: Avstraliya materigini iqlimi, ichki suvlari va tabiat zonalari.

1. Mavzu rejasi va maqsadi tushuntiriladi.

2. O'quvchilarga mavzu bo'yicha ma'lumotlar beriladi.

3. Mavzuni mustahkamlash qismida bu metoddan foydalanish samarali natija beradi.

Bu metoddan foydalanish.

Bu metoddan foydalanish uchun sizga faqat 6 yoki 7 ta oq list kerak bo'ladi. Ayrim sinflarda o'quvchilar 3 qator bo'lib o'tirishadi. 6 dona oq listni olib har partaga 1 tadan berib chiqasiz. O'quvchilar bugungi mavzudan eslarida qolgan ma'lumotlarni yozishlari kerak bo'ladi. Oldinda o'tirgan o'quvchilar ma'limot yozib orqa partaga uzatishlari kerak bo'ladi.

✓ Ma'lumotlar takrorlanmasligi kerak

✓ Qaysi qator birinchi bo'lsa rag'batlanadi.

✓ Oxirda o'tirgan o'quvchi barcha ma'lumotlarni o'qib berishi kerak bo'ladi.

✓ To'g'ri ma'lumotlar yozgan o'quvchilar g'olib bo'ladi.

Afzalliklari: O'quvchilar jamoaviy ma'suliyatni his qilib tezda fikrlay boshlaydilar. Har qaysi raqobat o'quvchini tez o'stiradi va ziyraklashtiradi.

Qiyinchiliklari: Darsga e'tibor bermay o'tirgan o'quvchilar uchun bu topshiriq qiyinchilik tug'dirishi mumkin.

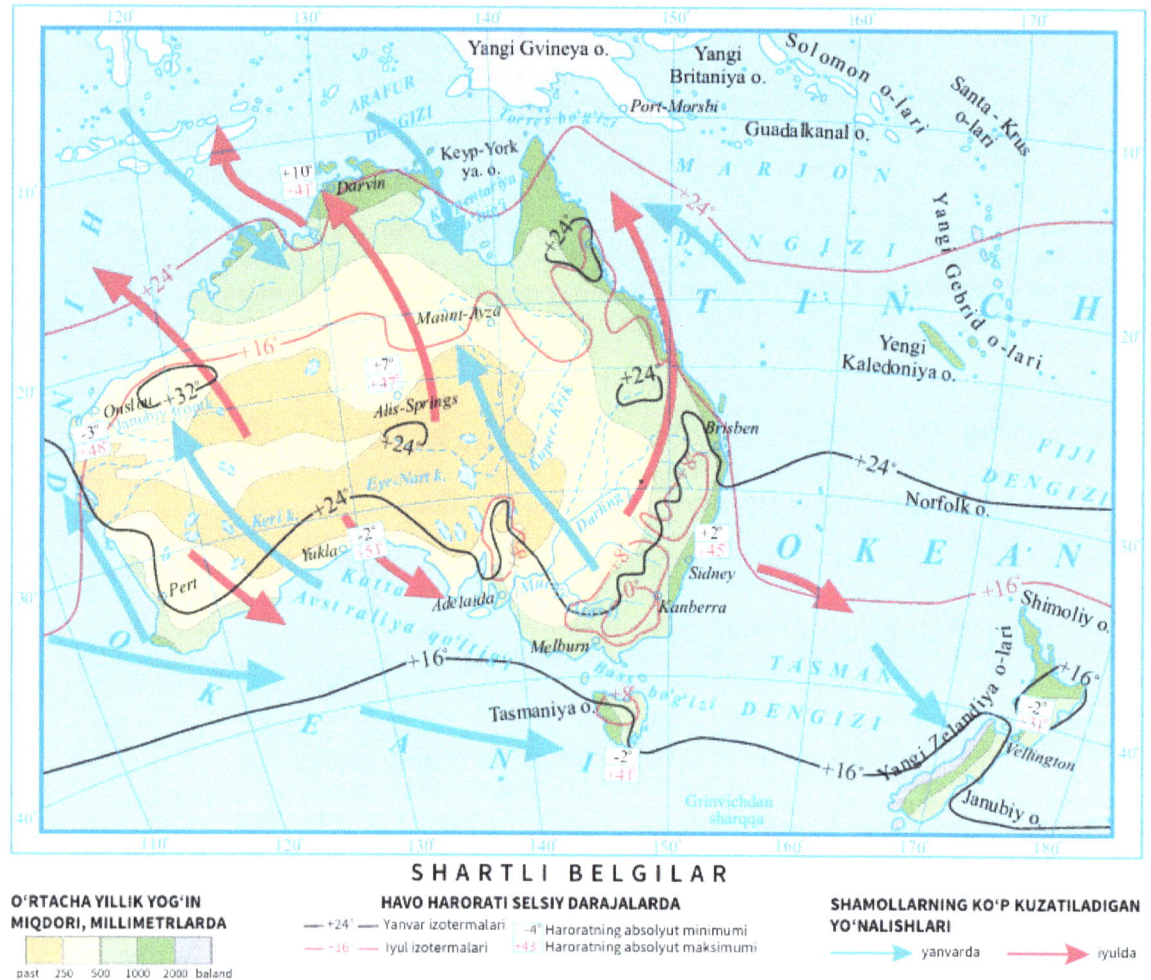

Avstraliya materigining iqlim xaritasi

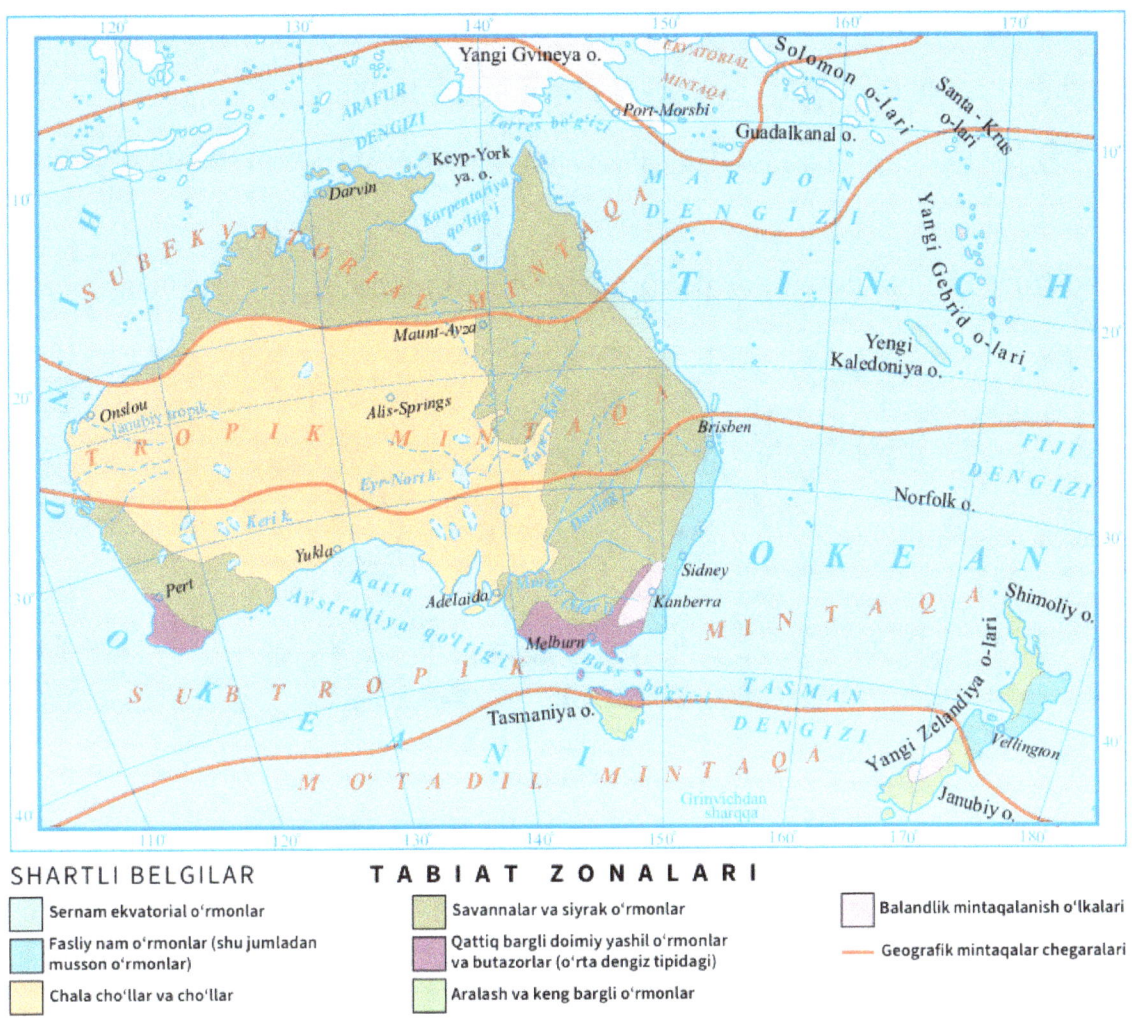

Avstraliya materigining tabiat zonalari xaritasi

"Savol javob" metodi.

Sinf: 7-sinf.

Mavzu: Avstraliya materik aholisi va uning tabiatga ta'siri.

1. Mavzu rejasi va maqsadi tushuntiriladi.

2. O'quvchilarga mavzu bo'yicha ma'lumotlar beriladi.

3. Mavzuni mustahkamlash qismida bu metoddan foydalanish samarali natija beradi.

Bu metoddan foydalanish.

- ✓ Bitta konver
- ✓ 15 ta savol
- ✓ 15 ta savollarga javob

Kanvertga 30 ta savol javoblarni solib qo'yamiz savollar Avstraliyani aholisi va uni tabiatga qanday tasir ko'satayotgani haqida bo'ladi. O'quvchilar kanvertni ko'rmagan holda savollarni oladilar. Savol tushgan o'quvchilar savolni o'qiydi, shu savolga javob kimda bo'lsa o'sha o'quvchi javob berishi kerak bo'ladi.

Afzalliklari: Bu metod o'quvchilarni fanga qiziqtirib har bir savol uchun o'zi harakat qilishga undaydi.

Qiyinchiliklari: Darsga tayyorgarlik ko'p vaqt olishi mumkin.

Aborgenlar

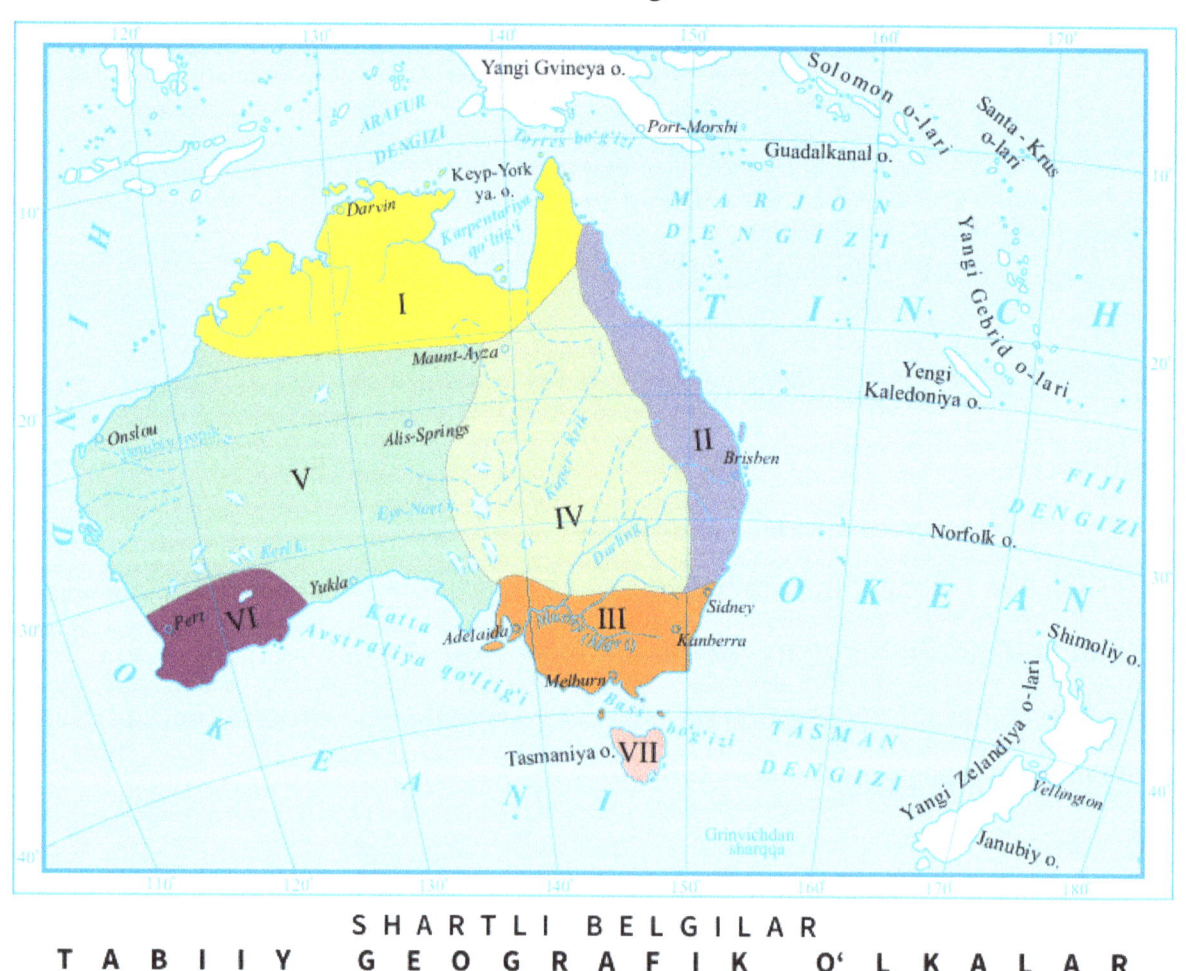

Avstraliya materigining tabiiy geografik o'lkalari xaritasi

"Kreativlikni rivojlantirish" metodi.

Sinf: 7-sinf.

Mavzu: Tinch okean.

1. Mavzu rejasi va maqsadi tushuntiriladi.

2. O'quvchilarga mavzu bo'yicha ma'lumotlar beriladi.

3. Mavzuni mustahkamlash qismida bu metoddan foydalanish samarali natija beradi.

Bu metoddan foydalanish.

- ✓ Bu metoddan foydalanish uchun o'quvchilar boshiga toj kiydiriladi.
- ✓ Bitta o'quvchi boshiga toj kiysa ikkinchi o'quvchi mavzuga oid atamalarga izoh bera boshladi.
- ✓ O'quvchi 1 ta izoh bilan topsa 5 ball qoyiladi.
- ✓ Agar izohlar soni ko'paysa toj kiygan o'quvchining balli kamayib boraveradi.
- ✓ Bu metoddan foydalanish orqali o'quvchilar Tinch okeanni asosiy xususiyatlarini, geologik tuzilishini, relyefi, tabiat mintaqalarini tezda o'rganib olishadi.

Afzalliklari: Bu metod o'quvchilarni yakka-yakka harakat qilishga undaydi va kreativllikk undaydi.

Qiyinchiliklari: Barcha o'quvchilarni darsga qatnashishi uchun vaqt yetmasligi mumkin.

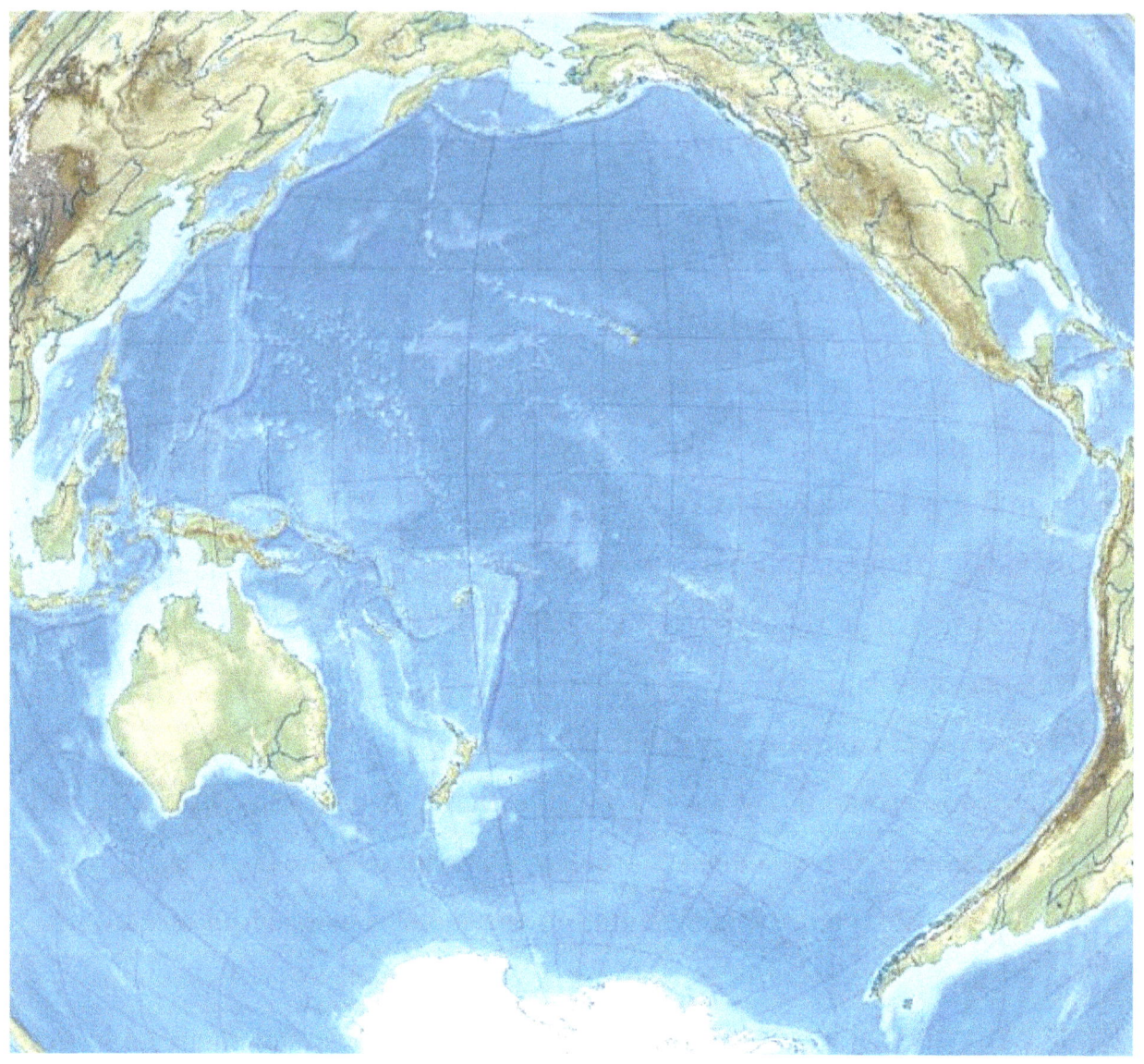

Tinch okeani

"Orollarni top" metodi.

Sinf: 7-sinf.

Mavzu: Okeaniya.

1. Mavzu rejasi va maqsadi tushuntiriladi.

2. O'quvchilarga mavzu bo'yicha ma'lumotlar beriladi.

3. Mavzuni mustahkamlash qismida bu metoddan foydalanish samarali natija beradi.

Bu metoddan foydalanish.

- O'quvchilarni 3 ta katta guruhga bo'lamiz.
- Guruhda 6 tadan o'quvchi bo'ladi.
- Darslik va atlaslar kerak bo'ladi.

- 3 ta oq list kerak.
- 10 daqiqa vaqt beriladi.

O'quvchilarni 3 ta guruhlarga bo'lib olganimizdan so'ng ularga har bir guruh uchun bittadan oq list tarqatib chiqamiz. Har bir guruhga Okeaniya hududidagi uchta orollarni " Melaneziya, Mikroneziya va Polineziya" ya'ni to'plam orollarni bo'lib beramiz. Har bir guruh ozidagi orollarni ichida qancha mayda orollar borligini yozib chiqishi kerak bo'ladi. Berilgan vaqt tugagandan so'ng har bir guruhdan bitta o'quvchi chiqib yozgan ma'lumotlarini oqib berishi kerak.

Afzalliklari: O'quvchi xotirasini charxlaydi, mavzuni oson o'zlashtirishga yordam beradi.

Qiyinchiliklari: Umumiy ishlashda mavzuni tayyorlash sifat darajasida kamchiliklar kuzatilishi mumkin.

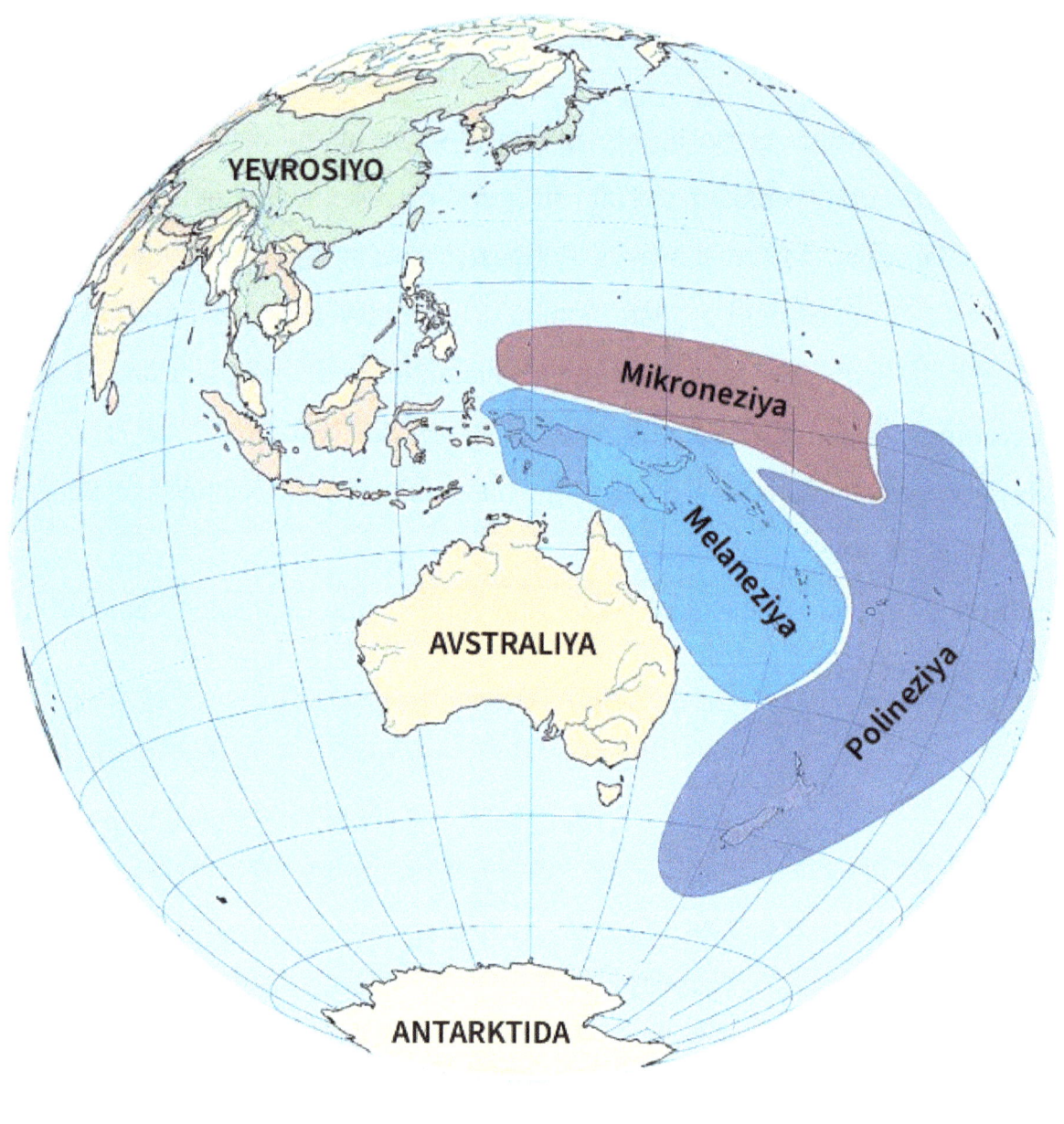

Okeaniya

"Tasavvurlar tahlili" metodi.

Sinf: 7-sinf.

Mavzu: Antarktida materigini geografik o'rni, o'rganilishi, geologik tuzilishi, foydali qazilmalari, relyefi.

1. Mavzu rejasi va maqsadi tushuntiriladi.

2. O'quvchilarga mavzu bo'yicha ma'lumotlar beriladi.

3. Mavzuni mustahkamlash qismida bu metoddan foydalanish samarali natija beradi.

Bu metoddan foydalanish.

O'qituvchilar mavzuga aloqador tushunchalarni o'qiydi, va ishtirokchilardan bu tushunchalar bilan bog'liq holda yuzaga kelgan tasavvurlarni oq listga yozib, borishlarini so'raydi. O'quvchilar mantiqiy o'ylab o'z tasavvur qobilyatini ishga solishlari kerak. Keyin oq listlarni to'planadi va o'qituvchi tomonidan barcha tanishib chiqishi uchun aralash holatda tarqatilib chiqiladi. Keyin o'quvchilar bir- birlari yozgan ma'lumotlar bilan tanishib muhokama qilishadi.

Masalan: Geografiya darsida.

Antarktida materigini geografik o'rni, o'rganilishi, geologik tuzilishi, foydali qazilmalari, relyefi mavzusi.

O'qituvchi tushunchalarni aytadi.

Antarktidaning asosiy xususiyatlari;

Geografik o'rni ;

O'rganishi va geologik tuzilishi, relyefi;

O'quvchilarni tasavvurida paydo bo'lgan namunaviy so'zlar:

Antarktidani asosiy xususiyatlari – qorong'u materik, oq materik, sovuq materik va hokazo.

Afzalliklari: O'quvchilar mavzuni o'zlashtirishadi, hamda mantiqiy yondashishadi va tengdoshlarini tasavvurlarini tahlil qilib fikr bildirishadi.

Qiyinchiliklari: Sinf xonasida shovqun ko'payishi mumkin.

Antarktida materigining tabiiy xaritasi

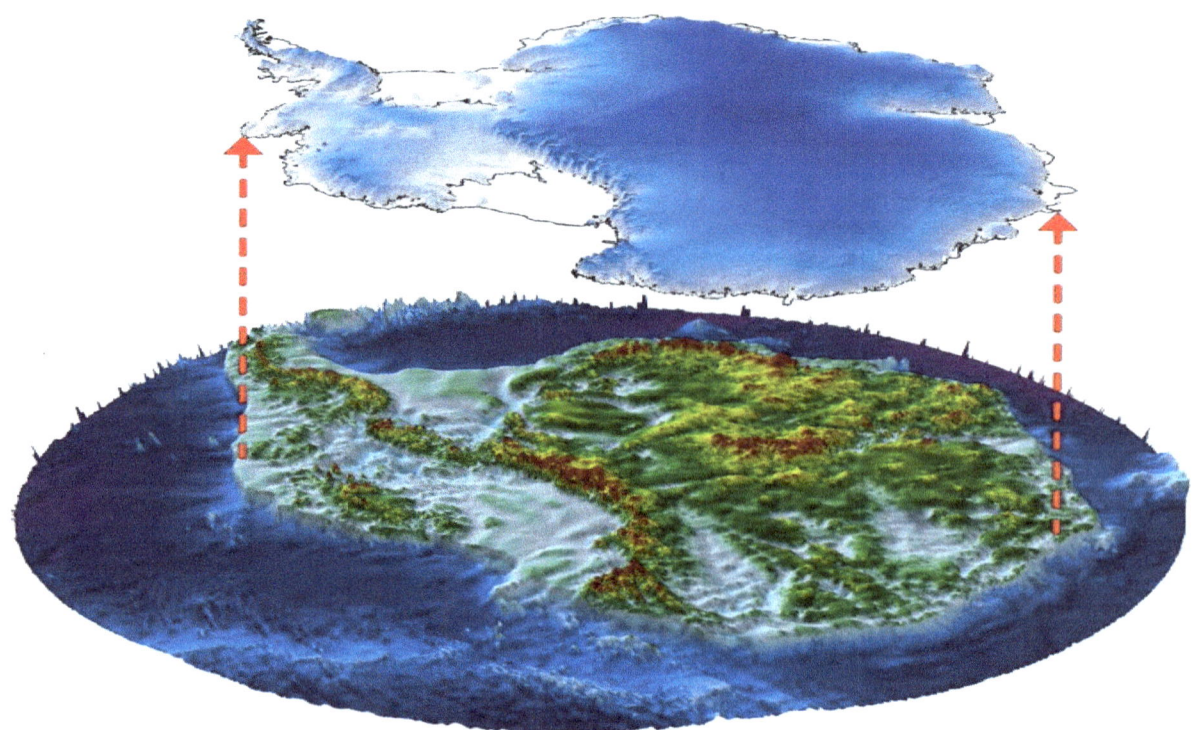

Antarktidaning muz osti relyefi

"Harflarga moslashtir" metodi.

Sinf: 7-sinf.

Mavzu: Antarktida materigi iqlimi va organik dunyosi.

1. Mavzu rejasi va maqsadi tushuntiriladi.

2. O'quvchilarga mavzu bo'yicha ma'lumotlar beriladi.

3. Mavzuni mustahkamlash qismida bu metoddan foydalanish samarali natija beradi.

Bu metoddan foydalanish.

- ✓ Alifbo harflarini alohida-alohida qog'ozlarga chiqartirib olasiz
- ✓ O'quvchilarni 4 ta guruhlarga bo'lib olasiz
- ✓ Harflar ham guruhlar soniga qarab tayyorlanadi
- ✓ Harflar orqali Antarktida materigining iqlimi va organik dunyosiga to'g'ri keladigan so'zlarni yozishlari kerak bo'ladi.
- ✓ 10 daqiqa vaqt belgilanadi bu shart uchun
- ✓ To'g'ri va birinchi bo'lgan jamoa g'olib hisoblanadi.

Afzalliklari: Bu metodni har qanday mavzuga moslashtirish mumkin. O'quvchilarni fikrlash darajasini oshiruvchi ajoyib bir ta'lim metodi.

Qiyinchiliklari: So'zlarni ifodalashda qiyinchiliklar yuzaga kelishi mumkin.

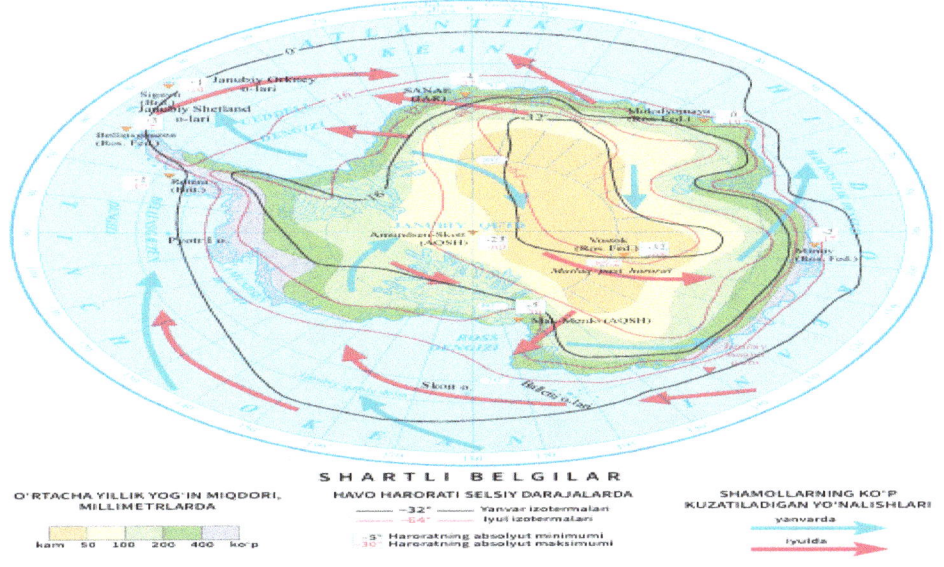

Antraktida materiging iqlim xaritasi

"Savollarni jamlaymiz" metodi.

Sinf: 7-sinf.

Mavzu: Janubiy Amerika materigi. Geografik o'rni, o'rganilishi, geologik tuzilishi, foydali qazilmalari, relyefi.

1. Mavzu rejasi va maqsadi tushuntiriladi.

2. O'quvchilarga mavzu bo'yicha ma'lumotlar beriladi.

3. Mavzuni mustahkamlash qismida bu metoddan foydalanish samarali natija beradi.

Bu metoddan foydalanish.

- ✓ O'quvchilarni 4 ta guruhga bo'lib olamiz.
- ✓ 4 ta kichikroq quti kerak bo'ladi.
- ✓ O'quvchilarga vaqt belgilanadi, va ular 5 ta qog'ozga savol yozishadi. Boshqa 5 ta qog'ozga esa javobi yoziladi.
- ✓ Qog'ozlarni aralashtirib qutiga solishadi.
- ✓ Keyin qutilarni guruhlarga almashtirib berasiz.
- ✓ Qutilardagi savollarga javoblarni to'g'ri tartibda terib shartni birinchi bajargan jamoa g'olib bo'ladi.

Afzalliklari: Barcha sinflar uchun qo'llash mumkin. Bu metod orqali o'quvchilarni darsga bo'lgan qiziqishi ortadi.

Qiyinchiliklari: O'quvchilarga savollarga javob berish uchun vaqt yetmasligi mumkin.

Janubiy amerika tabiiy xaritasi

"Vark" modeli orqali dars o'tish metodi.

Sinf: 7-sinf.

Mavzu: Janubiy Amerika materigini iqlimi va ichki suvlari.

1. Mavzu rejasi va maqsadi tushuntiriladi.

2. O'quvchilarga mavzu bo'yicha ma'lumotlar beriladi.

3. Mavzuni mustahkamlash qismida bu metoddan foydalanish samarali natija beradi.

Bu metoddan foydalanish.

1. Vizual (kosmik)-o'quvchilar ko'rish orqali yaxshiroq o'rganadilar.

2. Eshtish- o'quvchilar eshtish orqali yaxshiroq o'rganadilar.

3. O'qish / yozish- o'quvchilar harakat qilish va bajarish orqali yaxshiroq o'rganadilar.

4. Kinestetik(jismoniy)- o'quvchilar harakat qilish va bajarish orqali yaxshiroq o'rganadilar.

Siz darsda yuqoridagi uslublardan foydalangan holda yanada chuqurroq mohiyatini bilib olsangiz, darsingiz yanada oson tashkil qilinadi.

Vizual ta'lim uslubi

Bu uslub video tomosha qilishni yaxshi ko'radigan va rasmlar, jadvallar va grafik singari taqdimotlarni ko'rishni yaxshi ko'radigan o'quvchilarga mos keladi.

Eshtish orqali o'rganish uslubi

Ma'ruza va audio kitoblarni tinglashni yaxshi ko'radigan o'quvchilarga mos keladi.

O'qish / yozish orqali o'rganish uslubi

Bu o'qish va yozishni yaxshi ko'radigan odamlarga mos keladi. Buning sababi shundaki, ular o'qigan va yozgan so'zlari ongida osonlikcha saqlanib qoladi.

Kinestetik ta'lim uslubi

Bu uslub sinfda harakatlardan iborat o'yinlar va musobaqalar orqali amalga oshiriladi.

Afzalliklari: Ushbu metod o'quvchilarni ishini yengillashtirish ular bilan oson kelisha olish, dars jarayonini tushuntirishda o'qtuvchini ortiqcha yuklanmalarini kamaytirish uchun kerak bo'ladi.

Qiyinchiliklari: Barcha darsda qo'llash imkonini bermaydi, kerakli jihozlarni topishda muammoga duch kelish mumkin.

Janubiy amerikaning havzalar xaritasi

"Shakilga qarab aniqla" metodi.

Sinf: 7-sinf.

Mavzu: Janubiy Amerika tabiat zonalari va balandlik mintaqalari.

1. Mavzu rejasi va maqsadi tushuntiriladi.

2. O'quvchilarga mavzu bo'yicha ma'lumotlar beriladi.

3. Mavzuni mustahkamlash qismida bu metoddan foydalanish samarali natija beradi.

Bu metoddan foydalanish.

- O'quvchilarni 3 ta guruhga bo'lib olamiz.
- Janubiy Amerikani iqlim mintaqalar va tabiat zonalar yozuvsiz kartasidan 3 tasi kerak bo'ladi.

- O'quvchilar bu kartadan foydalanib iqlim mintaqalarini va tabiat zonalarini to'g'ri topishlari kerak bo'ldi.
- Bu metod uchun o'quvchilarga 10 daqiqa vaqt beriladi.
- Berilgan vaqt tugagach har bir guruhdan 2 tadan o'quvchi chiqib ishlagan ishlarini tushuntirib berishlari kerak bo'ladi.

Afzalliklari: Guruhda ishlash qulay, qiziqarli mashg'ulot turi, o'quvchilarni diqqatini jamlashda yordam beradi.

Qiyinchiliklari: Guruh bo'lib ishlaganda ayrim o'quvchilar qatnashmasligi va qolgan o'quvchilarni chalg'itishi mumkin

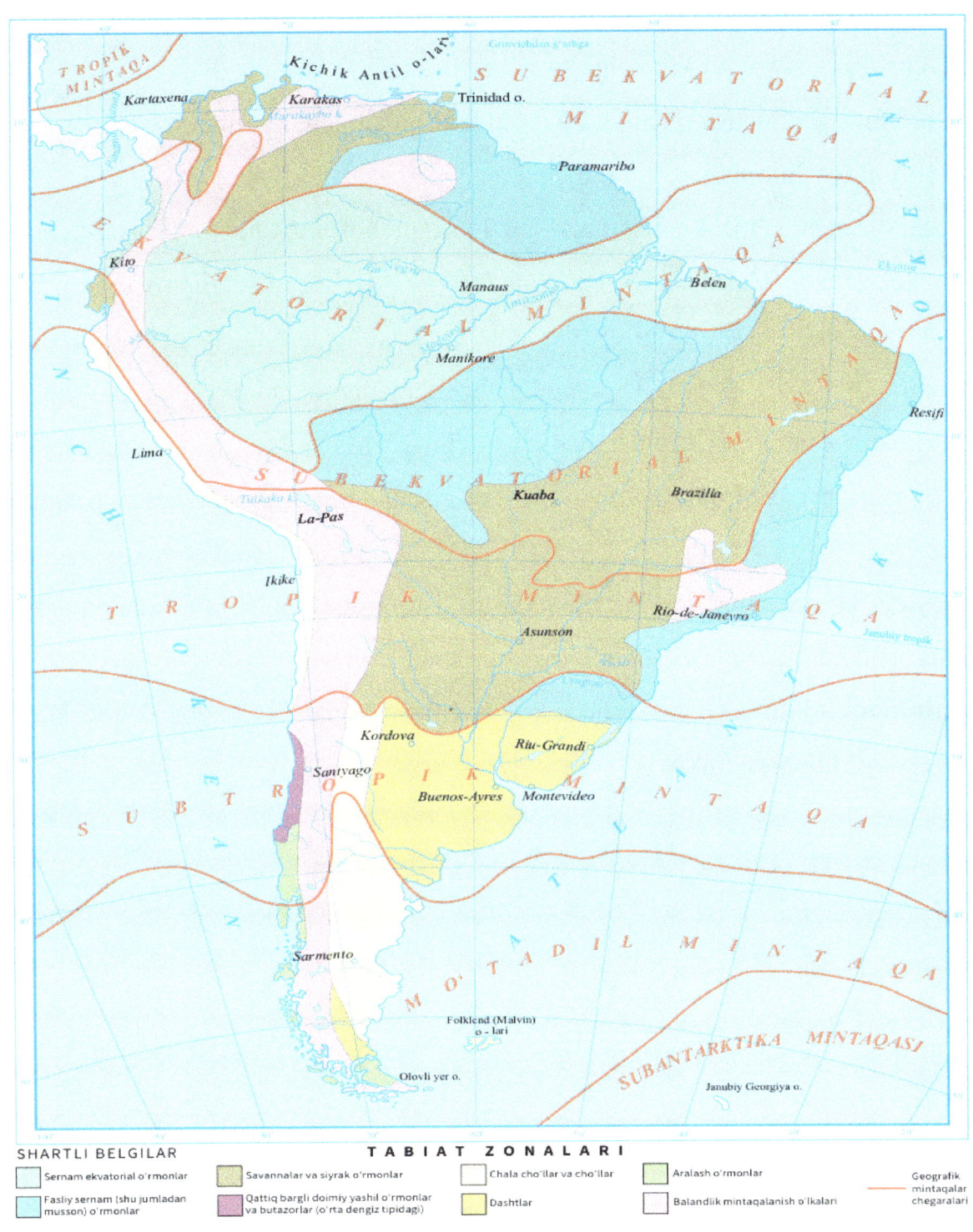

Janbiy amerikaning tabiiy zonalari

"Eslab qoling" metodi.

Sinf: 7-sinf.

Mavzu: Janubiy Amerikani tabiiy geografik o'lkalari. Aholisi va uning tabiatga ta'siri.

1. Mavzu rejasi va maqsadi tushuntiriladi.

2. O'quvchilarga mavzu bo'yicha ma'lumotlar beriladi.

3. Mavzuni mustahkamlash qismida bu metoddan foydalanish samarali natija beradi.

Bu metoddan foydalanish.

Davradagi birinchi ishtirokchi ismini shu harfdan boshlanadigan geografik atama bilan qo'shib aytadi. Masalan: "Aziza Amazoniya", "Behruz Braziliya yassitog'ligi", " Gavhar Gviana yassitog'ligi". Ikkinchi ishtirokchi esa birinchisini so'zlarini takrorlaydi va ozini ismini va ismidan boshlanadigan atama aytadi, o'yin shu tartibda davom etadi. Eng qiyin mushkul vazifa oxirda qolgan o'quvchiga tushadi chunki u hammma ishtirokchilarni aytgan so'zlarini sanab chiqib, keyin o'zinikini qo'shadi.

Afzalliklari: O'quvchilar mavzu atamalarini ismlariga bog'lagan holatda eslab qolishlari oson bo'ladi va mavzu tez o'zlashtirishadi.

Qiyinchiliklari: Sinfda 20 dan ortiq o'quvchilar bo'lsa bu jarayon o'quvchilarga qiyinchilik tug'dirishi mumkin.

Janubiy amerikaning tabiiy geografik o'lkalari

"Sehrli quti" metodi.

Sinf: 7-sinf.

Mavzu: Shimoliy Amerika materigi. Geografik o'rni, o'rganilishi, geologik tuzilishi, foydali qazilmalari, relyefi.

1. Mavzu rejasi va maqsadi tushuntiriladi.

2. O'quvchilarga mavzu bo'yicha ma'lumotlar beriladi.

3. Mavzuni mustahkamlash qismida bu metoddan foydalanish samarali natija beradi.

Bu metoddan foydalanish.

Metod quydagicha: O'quvchilarga savollar yozilgan qog'ozlar tarqatiladi va ular bu savollarga javob yozishlari kerak bo'ladi. Savollar taxminan shunday bo'lishi mumkin.

- ✓ Shimoliy Amerikaning asosiy hususiyatlari .
- ✓ Materigni birinchi bo'lib kim o'rgangan.
- ✓ Shimoliy Amerika qaysi materiklardan ajralgan.
- ✓ Materikda qanday tudagi foydali qazilmalar tarqalgan.

Savollar aynan shunday bo'lishi shart emas. Savollarni tuzish sizning kreativligingizga bog'liq. O'quvchilar yozib kelgan javoblarini ismlarini yozib, qutiga solishadi, hamma bu topshiriqni bajarib bo'lganidan, o'qituvchi barcha javoblarni tekshirib chiqib o'quvchilarni baholaydi.

Afzalliklari: Bu metod orqali o'quvchilar mantiqiy fikrlash va fikrini bayon etish qobilyati oshadi.

Qiyinchiliklari: O'qtuvchiga barcha o'quvchilarni yozgan javoblarini yozib baholashiga vaqt yetmasligi mumkin.

Shimoliy Ameika materigining o'rganilishi xaritasi.

Shimoliy Amerikaning tabiiy xaritasi

"Lotoreya o'yini" metodi.

Sinf: 7-sinf.

Mavzu: Shimoliy Amerika iqlimi va ichki suvlari.

1. Mavzu rejasi va maqsadi tushuntiriladi.

2. O'quvchilarga mavzu bo'yicha ma'lumotlar beriladi.

3. Mavzuni mustahkamlash qismida bu metoddan foydalanish samarali natija beradi.

Bu metoddan foydalanish.

Doskaga iqlim hosil qiluvchi omillar, iqlim mintaqalari va ichki suvlari haqida 10 ta ma'lumot yoziladi. Har bir ma'lumot raqamlangan bo'ladi.

- O'quvchilar kanspekt qilib olishadi, bu orqali qoidalar o'quvchilar miyasida saqlanib qoladi.
- O'qtuvchi 1 ta o'quvchini sinfdan tashqariga chiqarib ma'lumotlar raqamlarini almashtirib qo'yadi. O'quvchi ma'lumotlarni o'qigan holda hammasini raqamlarini to'g'ri qo'yib chiqishi kerak bo'ladi.
- Bu topshirqni to'g'ri bajarish uchun 3 marta imkon beriladi.
- O'quvchi to'g'ri topsa ham topolmasa ham bir nechta ma'lumotlar xotirasida saqlanib qoladi.

Afzalliklari: O'quvchi xotirasini charxlaydi, mavzuni oson o'zlashtirishga yordam beradi.

Qiyinchiliklari: O'quvchilar ma'lumotlarni to'g'ri raqamlashda qiyinchiliklar bo'lishi mumkin.

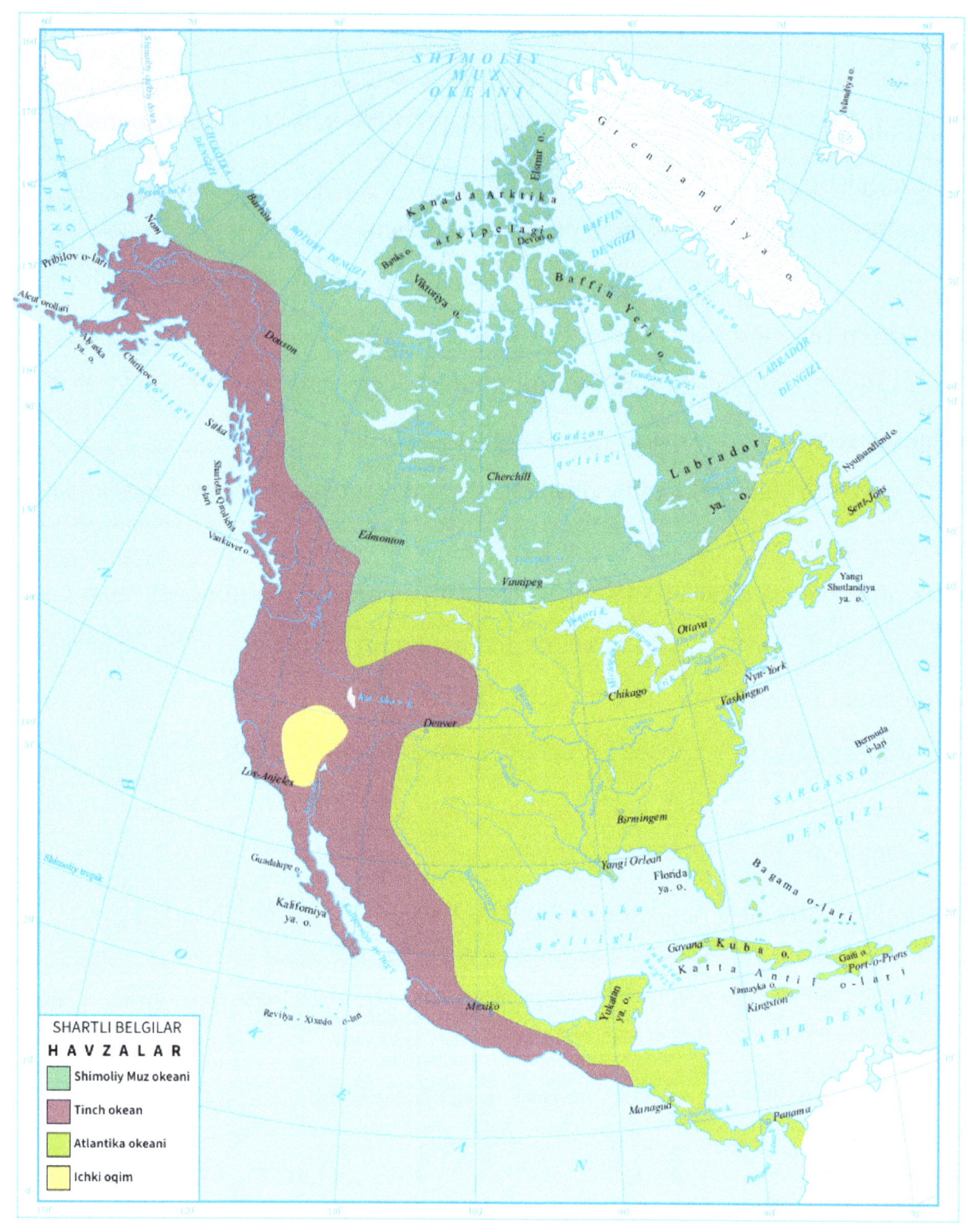

Shimoliy Amerikaning havzalar xaritasi

"M/M/M" metodi.

Sinf: 7-sinf.

Mavzu: Shimoliy Amerikaning tabiat zonalari va balandlik mintaqalari.

1. Mavzu rejasi va maqsadi tushuntiriladi.

2. O'quvchilarga mavzu bo'yicha ma'lumotlar beriladi.

3. Mavzuni mustahkamlash qismida bu metoddan foydalanish samarali natija beradi.

Bu metoddan foydalanish.

Bu metod shaxsiy samaradorlik va ilm-fanni o'zlashtirishdagi eng kuchli metodlardan biri hisoblanadi. Samarali matn yodlash, kerakli ma'lumotlarni eslab qolish va uni tinglovchiga mazmunli yetkazib berishda aynan shu metod sizga yordam beradi.

Bu metodni amalda qo'llaganida siz 3 ta savolga javob berishingiz kerak bo'ladi.

1. Men nimani o'rgandim?

Bunda o'quvchilar qanday ma'lumotlarni o'qishingizni aniqlashtirib olasiz, so'ngra yaxshilib o'qiysiz.

2. Men bundan nimani oldim?

O'qigan ma'lumotlaringizdan nima o'rgandingiz va qanday xulosa oldingiz.

3. Men kimga o'rgataman?

O'qidingiz va o'rgandingiz. Endi bu ma'lumotlarni kimgadir o'rgatishingiz yoki so'zlab berishingiz kerak bo'ladi.

Quydagi 3 ta holat:

- ✓ Do'stingiz yoki butun sinfingizga o'rgating
- ✓ Daftarga tabiat zonalaridan savol-javob tuzib yozing
- ✓ Tabiat zonalarini yod oling va ularni oynga qarab takrorlang

Afzalliklari: Ushbu algoritmlarni ketma-ketlikda bajarish o'quvchilarngizga ma'lumotlarni oson o'zlashtirish va shaxsiy samaradorlik kabi ko'nikmalarni shakllantirishga yordam beradi.

Qiyinchiliklari: Matnni o'zlashtirishda o'quvchilarda muammolar bo'lishi mumkin.

Shimoliy Amerika materigining tabiat zonalari xaritasi

"Qaysi biri ortiqcha" metodi.

Sinf: 7-sinf.

Mavzu: Shimoliy Amerikani tabiiy geografik o'lkalari va aholisining tabiatga ta'siri.

1. Mavzu rejasi va maqsadi tushuntiriladi.

2. O'quvchilarga mavzu bo'yicha ma'lumotlar beriladi.

3. Mavzuni mustahkamlash qismida bu metoddan foydalanish samarali natija beradi.

Bu metoddan foydalanish.

Doskaga mavuzga oid malumotlar

- ✓ Tabiy geografik o'lkalar
- ✓ Orollar
- ✓ Tog'li o'lkalar
- ✓ Aholi soni

fanga moslab sharoitdan kelib chiqib joylashtiriladi. O'quvchilar avval kuzatib, so'ng ko'zlarini yumib turishadi. Bu vaqt ichida doskada bitta yoki bir nechta ma'lumotlar olib tashlanadi va boshqa ma'lumotlar qo'shib qo'yamiz. O'quvchi esa qaysi ma'lumot yo'qligini aniqlab bugungi mavzuga tegishli bo'lmagan ortiqcha ma'lumotlarni topishi kerak bo'ladi.

Afzalliklari: Bu metod o'quvchilar xotirasini mustahkamlaydi, fanga bo'lgan qiziqishini ortirish barobarida, mavzuga bo'lgan qiziqishini oshiradi.

Qiyinchiliklari: O'quvchilarga doskadagi ma'lumotlarni eslab qolishda qiyinchiliklar tug'ilishi mumkin.

Shimoliy Amerika materigining tabiiy geografi o'kalari xaritasi

"Oqimlar" metodi

Sinf: 7-sinf.

Mavzu: Shimoliy Muz okeani.

1. Mavzu rejasi va maqsadi tushuntiriladi.

2. O'quvchilarga mavzu bo'yicha ma'lumotlar beriladi.

3. Mavzuni mustahkamlash qismida bu metoddan foydalanish samarali natija beradi.

Bu metoddan foydalanish.

- O'quvchilarni guruhlarga ajratib olamiz
- Har bir guruh uchun alohida Shimoliy muz okeani oqimlari tasvirlangan yozuvsiz xaritasini tayyorlaymiz
- O'quchilar oqimlarni harakatiga va qayerda joylashganiga qarab qaysi oqim ekanligini topib yozishlari kerak bo'ladi.
- 10 daqiqa vaqt belgilaymiz
- G'olib bo'lgan guruh taqdirlanadi.

Afzalliklari: Hamma o'quvchilar darsga qatnasha boshlaydilar va guruhda faollik kuchayadi va ziyrakliklari oshadi.

Qiyinchiliklari: Bu metod darsga tayyorlanmagan o'quvchilarga qiyinchiliklar tug'dirishi mumkin.

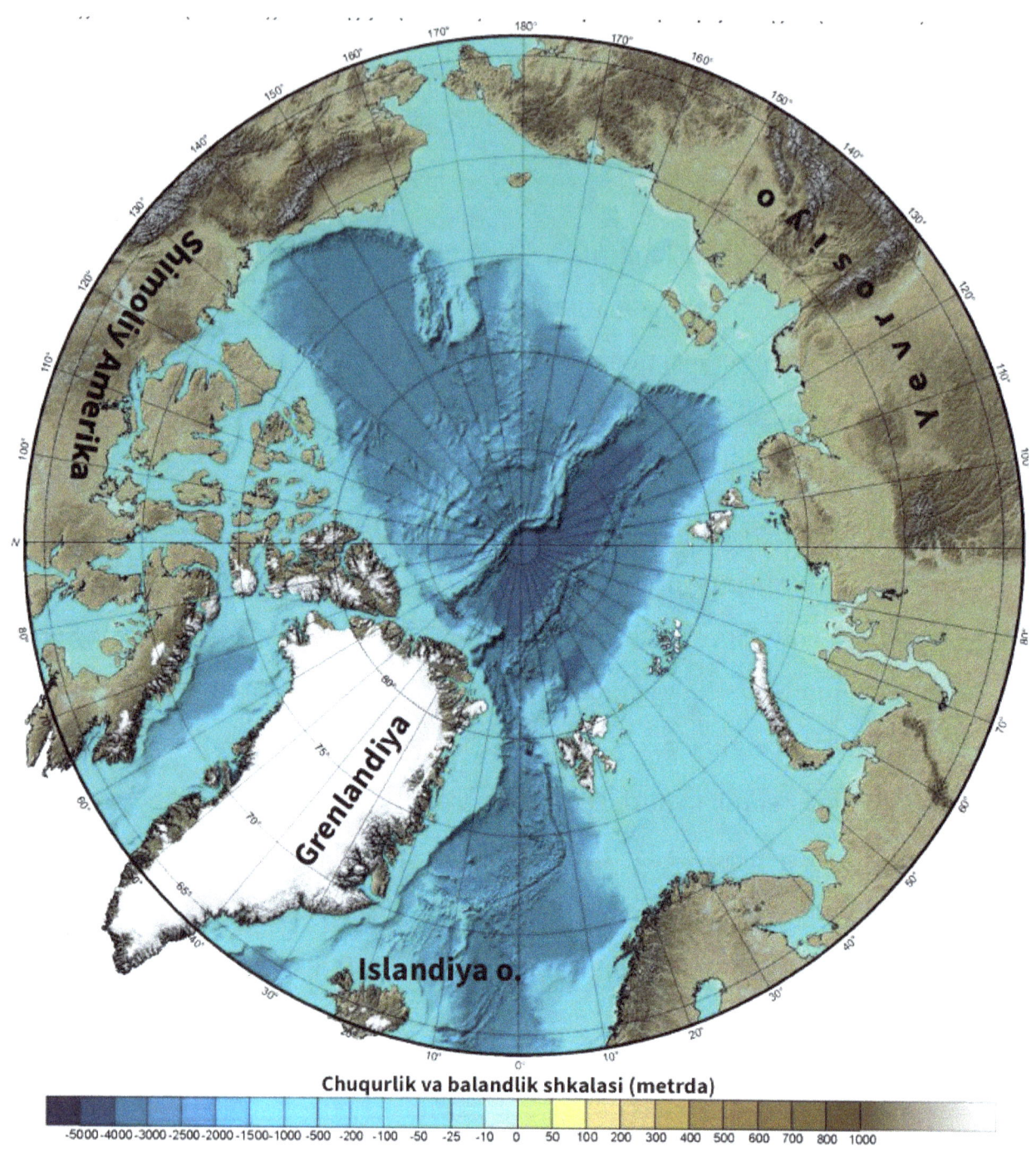

Shimoliy Muz okeani

Shimoliy Muz okeani oqimlar xaritasi

"Geografik atamalar" metodi.

Sinf: 7-sinf.

Mavzu: Yevrosiyo materiginining geografik o'rni, o'rganilishi

1. Mavzu rejasi va maqsadi tushuntiriladi.

2. O'quvchilarga mavzu bo'yicha ma'lumotlar beriladi.

3. Mavzuni mustahkamlash qismida bu metoddan foydalanish samarali natija beradi.

Bu metoddan foydalanish.

- O'quvchilarni guruhlarga ajratib olamiz.
- Har bir guruhdan 1 tadan o'quvchi doskaga chiqadi.
- Qatnashchilar bir qator bo'lib turishadi va navbatma-navbat bugungi mavzuga oid geografik atama aytishadi.
- Bunda birinchi qatnashchi aytgan atamani boshqa qatnashchi aytib qo'ysa u o'yinni tark etadi.

- Agar oʻquvchi atama bilmay, 5 soniya toʻxtab qolsa, ham oʻyinni tark etadi.

Masalan: eng baland supermaterik, eng chuqur gʻori bor, qor chizigʻi eng balanddan oʻtgan, yerep-gʻarb, osu-sharq, Marko Polo qayerlarga sayohat qilganini aytish mumkin.

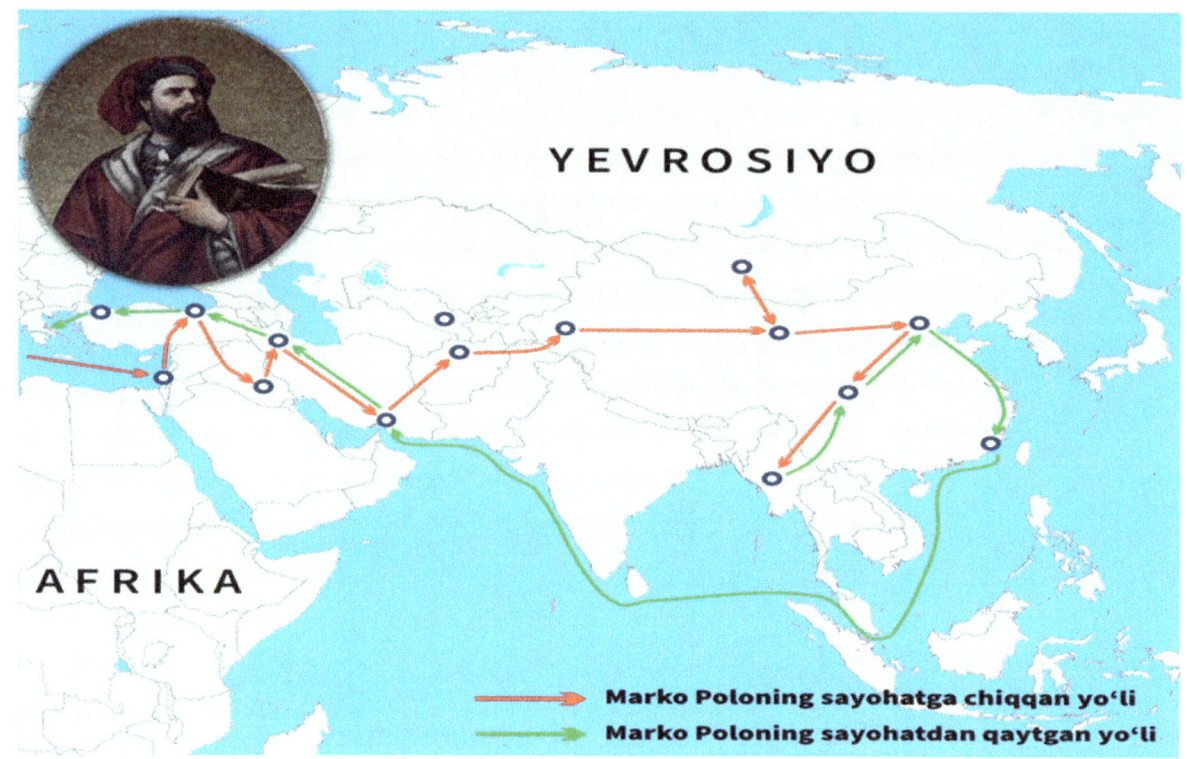

Afzalliklari: Ushbu metodni barcha fanlarga moslash mumkin va barcha sinflarga birday yoqadi, barcha oʻquvchilarni oʻylanishga majbur qiladi

Qiyinchiliklari: Darsga tayyor boʻlmagan oʻquvchilarga, bu topshiriq qiyinchilik tugʻdirishi mumkin.

"Oʻxshaydi" metodi.

Sinf: 7-sinf.

Mavzu: Yevrosiyo materigini geologik tuzilishi, foydali qazilmalari. Relyefi.

1. Mavzu rejasi va maqsadi tushuntiriladi.

2. Oʻquvchilarga mavzu boʻyicha ma'lumotlar beriladi.

3. Mavzuni mustahkamlash qismida bu metoddan foydalanish samarali natija beradi.

Bu metoddan foydalanish.

- ✓ Oʻquvchilarni guruhlarga boʻlib olamiz.
- ✓ Barcha guruhdagi oʻquvchilarni soni teng boʻlishi kerak.

- ✓ Barcha guruhlarga Yevrosiyo materigining yozuvsiz tabiiy xaritasi tarqatiladi.
- ✓ O'quvchilar xaritadan foydalanib qaysi hududda qanday turdagi foydali qazilmalar tarqalgan bo'lsa shartli belgisini chizish kerak bo'ladi.
- ✓ So'ngra qaysi dengizlar o'rab turganini, asosiy 4 ta tomonini aniqlab xaritaga yozishlari kerak bo'ladi.
- ✓ 10 yoki 15 daqiqa vaqt beriladi sinf o'quvchilarni epchilligidan kelib chiqqan holatda.
- ✓ Topshiriqni to'g'ri bajargan guruh g'olib bo'ladi.

Afzalliklari: O'quvchi xotirasi charxlanadi va bugungi mavzudan o'rganganlari xotirasida saqlanib qoladi, mavzu oson o'zlashtiriladi.

Qiyinchiliklari: Ayrim passiv o'quvchilar darsda qatnashmasligi mumkin.

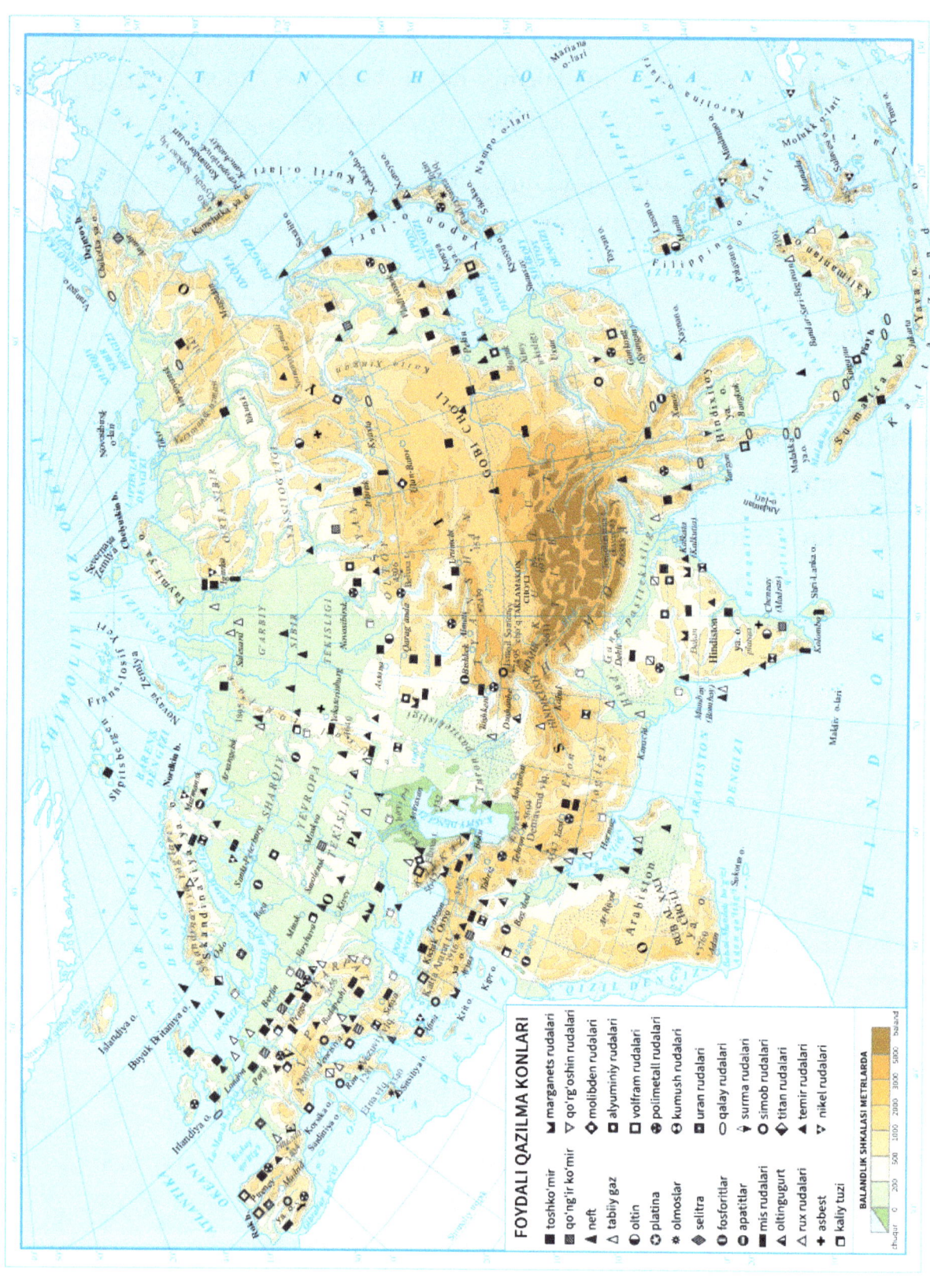

Yevrosiyo materigining tabiiy xaritasi

"Kreativ taqdimot" metodi.

Sinf: 7-sinf.

Mavzu: Yevrosiyo iqlimi

1. Mavzu rejasi va maqsadi tushuntiriladi.

2. O'quvchilarga mavzu bo'yicha ma'lumotlar beriladi.

3. Mavzuni mustahkamlash qismida bu metoddan foydalanish samarali natija beradi.

Bu metoddan foydalanish.

- O'quvchilarni guruhlarga bo'lamiz
- Atlas, rangli qalamlar, oq qog'z kerak bo'ladi
- O'quvchilar Yevrosiyo materigining iqlim xaritasini chizishi kerak va havo haroratini belgilab chiqishi kerak bo'ladi.
- Topshiriqni hamma guruh a'zolari bajarib bo'lgandan so'ng, guruh sardorlari chiqib, har bir guruhdan ishlagan xaritasini tushuntirib berishi kerak.
- Qaysi guruhni xaritasi chiroyli va tushunarli chiqqan bo'lsa, va qaysi guruh ko'proq ma'lumot bersa, o'sha guruh g'olib bo'ladi.

Afzalliklari: Har bir o'quvchi darsda faol ishtirok etishadi, ranglar bilan ishlash o'quvchilarni diqqatini tortib, darsda faol bo'lishiga juda katta yordam beradi va nutqni rivojlantiradi, bemalol odamlar oldida ravon gapira olishni o'rganadilar.

Qiyinchiliklari: Yosh jihatidan bu topshiriq o'quvchilarga, qiyinchilik tug'dirishi mumkin.

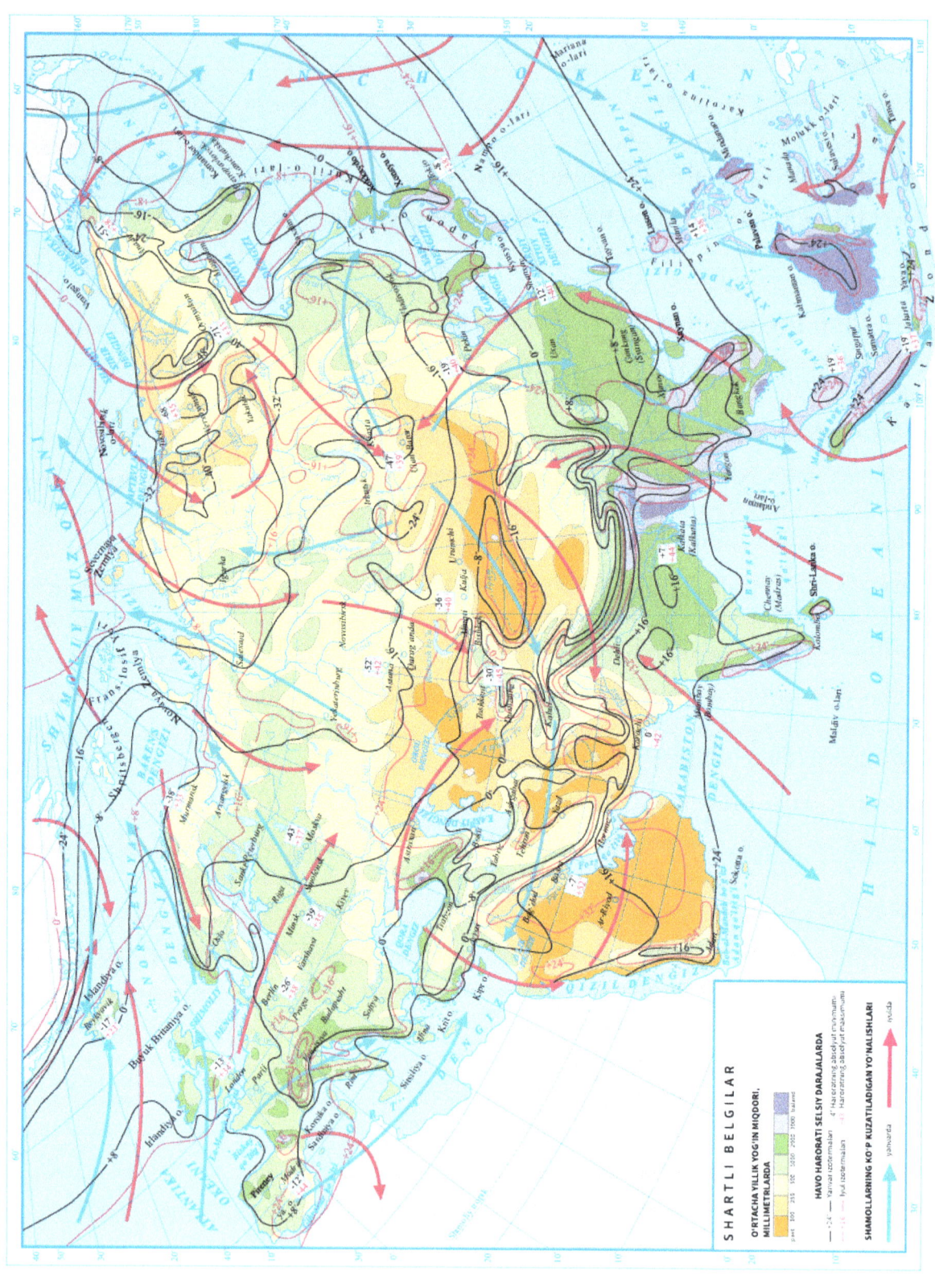

Yevrosiyo materigining iqlim xaritasi

"Bilimlar kaliti" metodi.

Sinf: 7-sinf.

Mavzu: Yevrosiyoning iqlim mintaqalari.

1. Mavzu rejasi va maqsadi tushuntiriladi.

2. O'quvchilarga mavzu bo'yicha ma'lumotlar beriladi.

3. Mavzuni mustahkamlash qismida bu metoddan foydalanish samarali natija beradi.

Bu metoddan foydalanish.

Bu metoddan barcha fan ustozlari oʻz darslarida foydalansa boʻladi, mavzu oʻqtuvchi

tomonidan tushuntirilgandan soʻng, darsni mustahkamlash uchun bu metoddan foydalanish yuqori samara beradi.

- ✓ Doskaga 4 xil rangli qog'ozlar yopishtiramiz.
- ✓ Darsning yoqqan tarafi
- ✓ Tushungani
- ✓ Yoqmagan (tushunmagan) tarafi
- ✓ Darsda o'rgangan yangi ma'lumot

O'quvchilarning har biri doskaga ilingan qog'ozlarga javob yozishi kerak bo 'ladi, so'ngra rangli qog'ozlar yig'ib olinib ma'lumotlar umumiylashtiradi.

Afzalliklari: Ushbu metod orqali dars yana takrorlanib, o'quvchilarni xotirasida iqlim mintaqalari yaxshi saqlanib qolishiga yordam beradi.

Qiyinchiliklari: Darsga e'tibor bermay o'tirgan o'quvchilarda bu jarayon qiyinchilik tug'dirishi mumkin

"Leitner tizimi" metodi.

Sinf: 7-sinf.

Mavzu: Yevrosiyoning ichki suvlari.

1. Mavzu rejasi va maqsadi tushuntiriladi.

2. O'quvchilarga mavzu bo'yicha ma'lumotlar beriladi.

3. Mavzuni mustahkamlash qismida bu metoddan foydalanish samarali natija beradi.

Bu metoddan foydalanish.

O'quvchilar bilan birgalikda Yevrosiyoning ichki suvlariga doir savollar tayyorlang .

5 ta qutiga 5 tadan jami 25 ta savollar tuziladi.

O'quvchilarning o'zlari ham savol tayyorlash jarayonida ishtirok etishlari yanada zavq beradi. Shu bilan birga o'quvchilar, Yevrosiyoning ichki suvlarini nomlari va qayerda joylashganini xotirasida yaxshi saqlab qolishga yordam beradi.

O'quvchilar navbati bilan qutilardagi savollarni oladilar. Birinchi qutidagi beshta savolga ham javob berishsa, ikkinchi qutiga o'tishi mumkin.

Birinchi qutidagi savollarga to'liq javob berisholmasa, to'g'ri va to'liq javob berguncha o'sha joylarida qolishadi.

Afzalliklari: O'quvchilar qiyin deb bilgan mavzuni qiziqarli va osonroq o'zlashtirishda bu metod yaxshi yordam beradi.

Qiyinchiliklari: Agar oʻquvchilar ikkinchi, uchinchi, toʻrtinchi, beshinchi, qutiga savollarga toʻgʻri va toʻliq javob berisholmasa esa, bitta quti ortga qaytishadi.

Dunyodagi eng katta va eng chuque ko'llar

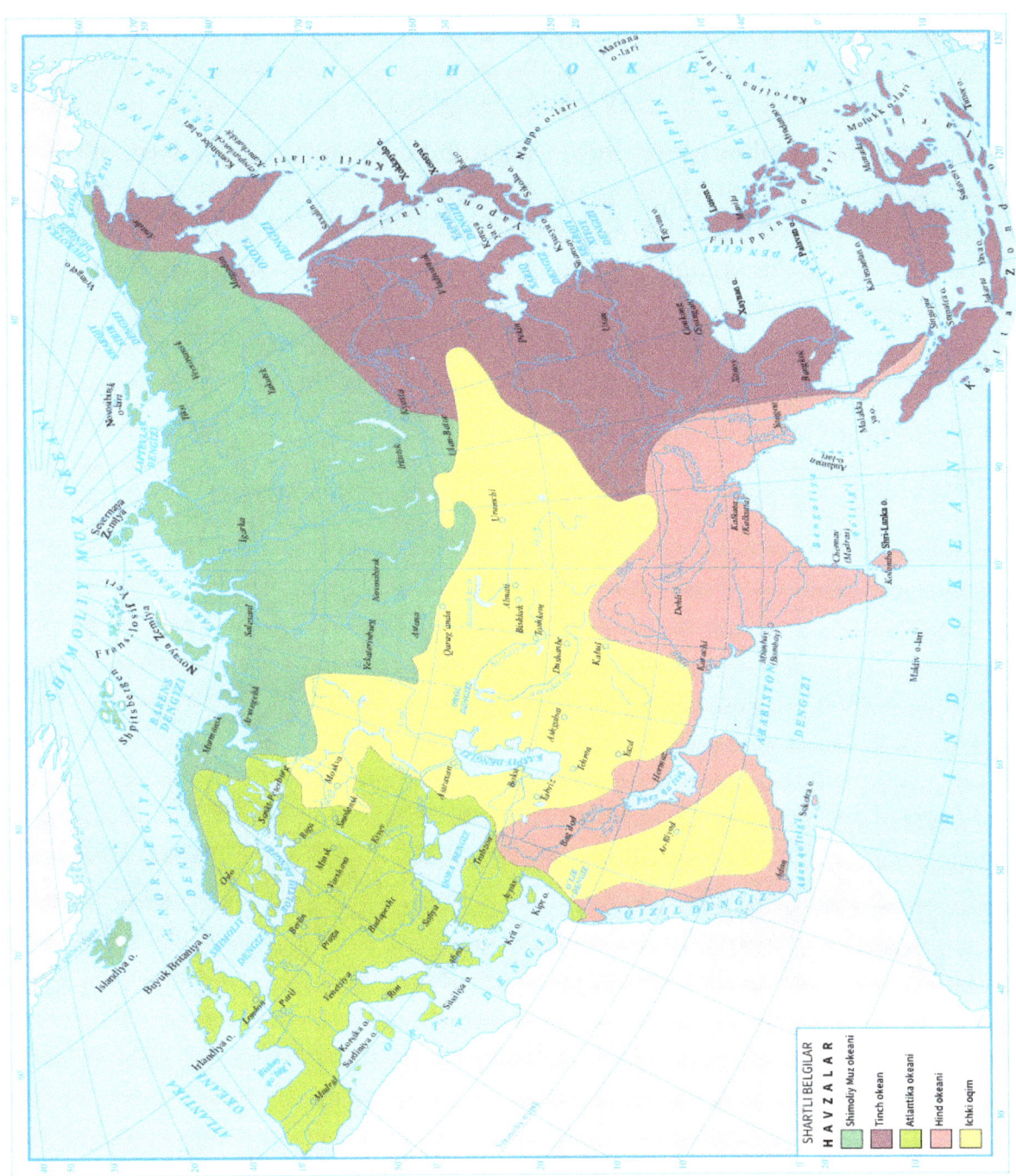

"Quticha usuli" metodi.

Sinf: 7-sinf.

Mavzu: Yevrosiyoning tabiat zonalari

1. Mavzu rejasi va maqsadi tushuntiriladi.

2. O'quvchilarga mavzu bo'yicha ma'lumotlar beriladi.

3. Mavzuni mustahkamlash qismida bu metoddan foydalanish samarali natija beradi.

Bu metoddan foydalanish.

2 ta quticha yasab, har bir qutiga mavzu qoʻyib nomlanadi. Qutichalar ichiga tabiat zonalari mavzusi boʻyicha savollar solinadi. Quticha doskaga yopishtiriladi.

Rangli stikerlarga mavzuga doir geografik atamalar yoziladi.

- Oʻquvchilar guruhlarga boʻlinib, navbati bilan atamalardan tanlashadi.
- Atama qaysi mavzuga aloqador boʻlsa, oʻsha qutiga solishlari kerak boʻladi.
- Keyin esa oʻsha qutiga joylangan savollardan olib javob berishlari kerak boʻladi.

Afzalliklari: Oʻquvchilar guruh boʻlib ishlashni oʻrganishadi, qaysi guruh gʻolib boʻlsa gʻolib hisoblanadi va taqdirlanadi.

Qiyinchiliklari: Oʻquvchilar mavzuga yaxshi tushunishmagan boʻlsalar darsga passiv yondashishi mumkin.

"Tezkor oʻqish" metodi.

Belovej pushchasi
Barguzin va Belovej pushchasi qoʻriqxonalari

Sinf: 7-sinf.

Mavzu: Yevrosiyo aholisi va uning tabiatga ta'siri.

1. Mavzu rejasi va maqsadi tushuntiriladi.
2. Oʻquvchilarga mavzu boʻyicha ma'lumotlar beriladi.
3. Mavzuni mustahkamlash qismida bu metoddan foydalanish samarali

natija beradi.

Bu metoddan foydalanish.

- ✓ Doskaga Yevrosiyo aholisi va uning tabiatga ta'siri mavzuga oid ma'lumotlar aralash tarzda yoziladi.
- ✓ O'quvchilar 4 ta guruhga bo'linib navbatma-navbat doskaga chiqadilar.
- ✓ O'qtuvchi ta'rifni bergan ma'lumotni qaysi jamoa a'zosi birinchi bo'lib topib, o'chirsa, o'z guruhiga ball olib beradi.

Barguzin

Afzalliklari: O'quvchilarni ziyrakligi oshib, diqqatni jamlashga yordam beradi. O'quvchilar tomonidan maxsus tayyorgarlik talab etilmaydi. Mavzuni mustahkamlashga yordam beradi.

Qiyinchiliklari: O'quvchilar ko'p bo'lsa, sinfda ortiqcha shovqin kelib chiqishi mumkin.

"O'lkalar xaritasi" metodi.

Sinf: 7-sinf.

Mavzu: Yevrosiyo hududining tabiiy geografik o'lkalarga bo'linishi.

1. Mavzu rejasi va maqsadi tushuntiriladi.

2. O'quvchilarga mavzu bo'yicha ma'lumotlar beriladi.

3. Mavzuni mustahkamlash qismida bu metoddan foydalanish samarali natija beradi.

Bu metoddan foydalanish.

- ✓ O'quvchilarni guruhlarga bo'lamiz.
- ✓ Doskaga Yevrosiyo materigining tabiiy geografik o'lkalarga xaritasini ilib qo'yasiz.
- ✓ Har bir guruhdan 1 tadan o'quvchi chiqib o'lkalarni sanab uni hududiy

joylashishiga qarab xaritadan ko'rsatib berishi kerak bo'ladi.

✓ Barcha o'lkalarni to'g'ri topgan o'quvchi guruhiga yuqori ball yutib olib beradi.

✓ O'yin shu ketma-ketlikda davom etadi.

Afzalliklari: O'quvchilar bu metod orqali Yevrosiyo hududining tabiiy geografik o'lkalarini o'rganib olishadi va ziyrakligi oshadi.

Qiyinchiliklari: Bu metodni barcha darslarda qo'llab bo'lmaydi va o'quvchilarga yosh jihatdan ham qiyinchilik tug'dirishi mumkin.

Yevrosiyo materigining tabiiy geografik o'lkalari

Foydalanilgan adabiyotlar

Xolmurodova Mahliyo Usmon qizi Qiziqarli metodika

Foydalanilgan adabiyotlar ro'yxati

1. O'zbekiston Respublikasi Xalq ta'limi vazirligi - Ta'lim metodologiyasi bo'yicha rasmiy qo'llanmalar va tavsiyalar.

2. Husniddinov, A. M. (2018) - "Geografiya o'qitish metodikasi" - Ushbu kitobda geografiya darslarida foydalanish uchun turli metodlar va ularni amaliyotda qo'llash usullari keltirilgan.

3. Xolbekov, S. (2020) - "Innovatsion ta'lim texnologiyalari" - O'quv jarayonida innovatsion yondashuvlarni qo'llashga oid materiallar.

4. Toshkent davlat pedagogika universiteti o'qituvchilari tomonidan tayyorlangan metodik qo'llanmalar - Ushbu qo'llanmalarda geografiya fanini o'qitishda zamonaviy metodlarni qanday qo'llash mumkinligi haqida ma'lumot beriladi.

5. Mirzayev, B., & Abdurahmonov, D. (2019) - "Interfaol dars texnologiyalari" - Ushbu asarda interfaol darslarda foydalaniladigan turli xil metodlar ko'rib chiqiladi.

6. Yuqori Oliy Ta'lim Muassasalari uchun o'quv dasturlari - Geografiya fani bo'yicha o'quv dasturlarida qaysi metodlardan qanday foydalanish haqida ma'lumot beruvchi materiallar.

7. O'zbekiston Respublikasi Fanlar Akademiyasi nashrlari - Geografiya faniga oid ilmiy tadqiqotlar va maqolalar hamda o'qitish metodikasiga oid asarlar.

8. Matsaidova S.X.Ortiqova I.O "Innovasion metodlar"-Toshkent 2024.

9. https://t.me/ommalashtirish_metodikasi. " Qiziqarli metodika"@M_Usmonova

Mundarija

To'g'ridan to'g'ri metodi……………………………………………………………3

Qiyin va oson metodi……………………………………………………………4

KWL metodi………………………………………………………………………5

Qor to'pi metodi…………………………………………………………………6

Imkoniyatlar qutisi metodi……………………………………………………7

Kim lider metodi…………………………………………………………………9

Amaliy va nazariy ishlar metodi……………………………………………10

Rangli qog'ozlar metodi………………………………………………………11

Qizil va yashil savatcha metodi……………………………………………12

Tezkor poyezd metodi…………………………………………………………13

Meni top metodi…………………………………………………………………15

Diqqatni jamla metodi…………………………………………………………16

Relyef metodi……………………………………………………………………18

Mavzular aylanganda metodi…………………………………………………19

Yashil chiroq metodi……………………………………………………………21

Kim chaqqon metodi……………………………………………………………22

Meni tingla va tushun metodi…………………………………………………23

Enerjayzer metodi………………………………………………………………26

Aql charxi metodi………………………………………………………………27

Qutidan tashqari metodi………………………………………………………28

Shartli belgi metodi……………………………………………………………30

Toshbaqani to'g'ri jamla metodi……………………………………………31

Savollar darxti metodi…………………………………………………………32

Janubiy metodi…………………………………………………………………33

Eslab qoling metodi……………………………………………………………35

Savol javob metodi………………………………………………………………37

Kreativlikni rivojlantir metodi………………………………………………39

Orollarni top metodi..**40**

Tasavvurlar tahlili metodi..**42**

Harflarga moslashtir metodi...**45**

Savollarni jamlaymiz metodi..**45**

Vark metodi..**47**

Shakllarga qarab aniqla metodi...**49**

Eslab qoling metodi..**51**

Sehrli quti metodi...**53**

Lotoreya o'yini metodi..**57**

MMM metodi...**59**

Qaysi biri ortiqcha metodi..**60**

Oqimlar metodi..**63**

Geografik atama metodi...**65**

O'xshaydi metodi...**66**

Kreativ taqdimot metodi..**69**

Bilimlar kaliti metodi...**71**

Leitner tizimi metodi..**73**

Quticha usuli metodi..**75**

Tezkor o'qish metodi..**76**

O'lkalar xaritasi metodi..**77**